Bismarck.

Kult und Kitsch
um den
Reichsgründer

KONRAD BREITENBORN

Bismarck.

Kult und Kitsch um den Reichsgründer

Aus den Beständen des früheren
Bismarck-Museums in Schönhausen (Elbe)
und dem Archiv der ehemaligen Stendaler
Bismarck-Gesellschaft

Reprintverlag Leipzig
im Zentralantiquariat der DDR

Wir Deutsche fürchten Gott,
aber sonst Nichts in der Welt.
Reichstagssitzung vom 6 Februar 1888.

Frontispiz: *Bismarck-Büste*
des Bildhauers Cuno von Uechtritz-Steinbach

Bismarck. Kult und Kitsch um den Reichsgründer : aus d. Beständen d. früheren Bismarck-Museums in Schönhausen (Elbe) u. d. Archiv d. ehemaligen Stendaler Bismarck-Ges. / Konrad Breitenborn. – Leipzig : Reprintverlag im Zentralantiquariat der DDR, 1990. – 176 S. : 250 Ill. (z. T. farb.)
ISBN 3-7463-1639-1
NE: Breitenborn, Konrad [Hrsg.]

ISBN 3-7463-1639-1
Gesamtgestaltung: Jochen Busch
Gesamtherstellung: Grafische Werke Zwickau
Printed in the German Democratic Republic
Ag 509/32/1989

Inhalt

Meinem Vater Joachim Breitenborn gewidmet

»Zu haben bin ich wie der Alte Fritz auf Pfeifenköpfen und Tassen«, meinte Johann Wolfgang von Goethe, und in der Tat: Wer kennt sie nicht, die Flakons, Schnupftabakdosen, Trinkkrüge, Möbel und Wirtshausschilder mit den Porträts oder in Gestalt mehr oder minder großer Männer ... ? Doch Goethe hätte statt auf Preußens Friedrich noch viel weiter zurückgreifen können – auf Schwedens König Gustav Adolf und Wallenstein, aber auch auf die Kaiser und Kurfürsten des späten Mittelalters. Ihnen allen wurde die zweifelhafte Ehre zuteil, daß man aus ihren Köpfen trank, schnupfte, rauchte oder Feuer schlug. Dennoch, aus Ehrfurchtslosigkeit geschah dies wohl kaum: Der Gegenstand der Verehrung sollte greifbar sein, alltäglich wollte man mit ihm umgehen. So konnte sich der Besitzer eines Bismarck-Bierkruges eben deutlich als Bismarckianer bekennen, als Verfechter kaisertreuer Politik, als Gegner von Sozialdemokraten und Ultramontanen. Kurz und salopp gesagt, mit jedem Trunke aus einem solchen Krug ließ sich – zumindest am Stammtisch – staatsbürgerliche Gesinnung dokumentieren, auch wenn man nicht stets davon sprach. Auf diese Weise ehrte der trinkfeste Zecher den »Eisernen Kanzler« und fühlte sich eins mit dessen Größe. Bismarck, der im Ergebnis des deutsch-französischen Krieges von 1870/71 in Versailles am 18. Januar 1871 die Gründung des Deutschen Reiches proklamierte, galt einer großen Bevölkerungsmehrheit als übermenschlicher »Schmied des Reichs«, als der Mann, der den jahrhundertealten Wunsch der Deutschen nach nationaler Einheit erfüllt hatte, der Hader und Zwietracht unter den verfeindeten »Stammesbrüdern« erfolgreich bezwang. Schon zu Lebzeiten wurde er deshalb zum Denkmal, ja zum Mythos, war er Kultfigur und Gegenstand persönlicher wie gesellschaftlicher Huldigung. Ungezählte Abordnungen deutscher Städte, von Vereinen, Berufsverbänden, Studentenorganisationen und parlamentarischen Körperschaften wallfahrteten nach Varzin und Friedrichsruh. Hunderttausende verehrten eine faszinierende Persönlichkeit. So wurden Bismarck über 450 Ehrenbürgerschaften angetragen, und seinen 80. Geburtstag feierten die jubelnden Deutschen als nationales Ereignis. Überall wurden neu geprägte Bismarck-Taler und Bismarck-Reliefs zum Kauf angeboten. »Unser Bismarck«, das »Volksbuch mit 30 Textabbildungen«, war – wie die »Illustrirte Zeitung« warb – neben verschiedenen anderen Büchern über den »Eisernen Kanzler« zum Preise von 60 Pfennigen »in allen Buchhandlungen vorrätig«. Der »Alte aus dem Sachsenwald« erhielt aus der Bevölkerung fünfhunderttausend Glückwunschkarten, zwanzigtausend Telegramme und über tausend Geschenke.

Doch an der Wiege ist dies alles dem vor 175 Jahren, am 1. April 1815 in Schönhausen an der Elbe geborenen Junker keineswegs gesungen worden. Und es hatte auch seine Zeit gedauert, bis der junge erzkonservative Mann politisch überhaupt Fuß faßte.

Zunächst preußischer Diplomat in Frankfurt (Main), Petersburg und Paris, war er dann 1862 gerade in einer Zeit Preußens Ministerpräsident geworden, da sich das Königreich in einer tiefen innenpolitischen Krise befand. Dem Monarchen bot der tatkräftige Zivilist seinerzeit wohl die beste Gewähr, mit einer selbstbewußten bürgerlichen Opposition und dem widerspenstigen Parlament fertig zu werden. Aber sein neuer »starker Mann« war zunächst ausgesprochen verhaßt, und Max von Forckenbeck sprach aus, was die meisten liberalen Parlamentsabgeordneten über die Berufung dachten: »Bismarck-Schönhausen bedeutet Regieren ohne Etat, Säbelregiment im Innern, Krieg nach außen. Ich halte ihn für den gefährlichsten Minister für Preußens Freiheit und Glück.«

Den monarchistischen Draufgänger Bismarck, der im Frühjahr 1848 seine Bauern bewaffnen wollte, um dem in Berlin bedrängten König zu Hilfe zu eilen, charakterisierte schon Friedrich Wilhelm IV. mit der Bemerkung: »Riecht nach Blut! Nur zu gebrauchen, wo das Bajonett schrankenlos waltet.« Doch Bismarck hatte seit jenen Revolutionstagen viel dazugelernt. Von ihm stammt die Empfehlung an Preußens König, es sei besser, Revolution zu machen, als zu erleiden. Sein politischer Realitätssinn veranlaßte ihn auch, nach dem siegreichen, aber ansonsten unpopulären »Bruderkrieg« mit Österreich (1866) die Verständigung mit der bürgerlichen Opposition zu suchen, und 1870/71 schließlich schuf Preußen unter seiner Führung das Reich, das vorrangig die Bourgeoisie brauchte, um sich zu entfalten. Als Reichsgründer nun stand der Urpreuße und Sproß aus altmärkischem Junkergeschlecht auf dem Gipfel des Ruhms.

Zunächst in Stendal als wohlhabende Patrizier ansässig, hatten Bismarcks Vorfahren nach 1345 als Lehnsleute der Markgrafen von Brandenburg auf Schloß Burgstall in der Letzlinger Heide gelebt. Brandenburgs Kurfürst Hans Georg zwang jedoch 1562 die Vasallen, ihm Burgstall mit seinen schönen Wäldern und reichen Jagdgebieten gegen Schönhausen und Fischbeck rechts der Elbe abzutreten.

Obwohl die Bismarcks mit der reizlosen, flachen und waldarmen Gegend um Schönhausen einen schlechten Tausch machten, richteten sie sich wohl oder übel im neuen Stammhaus ein. Der patrimonialen Obrigkeit standen Polizeigewalt, Rechtssprechung und Kirchenregiment zu. Gemeinsam mit der altmärkischen Ritterschaft wandten sie sich im 18. Jahrhundert selbstbewußt gegen die Einführung einer jährlich an den Staat zu zahlenden Steuer. Heftig grollte deshalb Preußens absolutistischer »Soldatenkönig« Friedrich Wilhelm I. auch den Bismarcks. In seinem politischen Testament rechnete er sie zu den leichtfertigen Adelsfamilien, sie seien »schlimme, ungehorsame Leute«, die nichts gutwillig täten und allem opponierten; sein Nachfolger müsse ihnen »den Daumen auf die Augen halten und mit ihnen nicht gut umgehen«.

Durch Erbteilung entstanden 1767 in Schönhausen zwei Güter. Schönhausen I blieb im Bismarckschen Familienbesitz. Das größer gewordene Schönhausen II kaufte 1830 der Magdeburger Stadtrat Gärtner. Erst als 1885 anläßlich des 70. Geburtstages Otto von Bismarcks eine äußerst umstrittene Geldsammlung die Kaufsumme für den Wiedererwerb von Schönhausen II zusammenbrachte, wurden beide Güter wieder vereinigt.

Von 1891 bis 1945 befand sich im ehemaligen Schloß von Schönhausen II das »Bismarck-Museum«. Am 29. September 1891 wurde es »dem Publikum eröffnet«, täglich zu besichtigen von 10 bis 12 Uhr vormittags und von 14 bis 17 Uhr nachmittags. In neun Räumen (Fürstensaal, Diplomatensaal, Urkunden-Saal, historisches Eckzimmer, Kuriositäten-Saal, Glas-Saal, Büsten-Saal, Akademischer-Saal, Silber-Saal) wurden persönliche Gegenstände des Kanzlers, Möbel, Gemälde, Waffen und die zahlreichen Bismarck dargebrachten Geschenke ausgestellt. 1200 Zugänge verzeichnete der Museumskatalog nur nach dem 80. Geburtstag. Zu sehen waren die Präsente der deutschen Kaiser, in- und ausländischer Fürstenhäuser, aus Industrie und Landwirtschaft, von Städten, Künstlern, Gelehrten, Forschungsreisenden, Militärs, Vereinen, Behörden und Universitäten, darunter bisweilen kostbare, kunstvoll gestaltete Handwerksarbeiten, oft mit Silber- bzw. Goldeinlagen, manchmal auch vollständig aus Edelmetall hergestellt.

Anspielend auf die Metapher vom »Schmied des Reichs« fand für kunstgewerbliche Votiv-Gegenstände häufig zudem Schmiedeeisen Verwendung, wie etwa ein zum Geburtstag 1892 von der Bismarckhütte überreichter eiserner Blumenstrauß. Oft diente auch Eichenholz zur Herstellung solcher Geschenke, wurde doch dieser Baum schlechthin als ein Symbol für das Deutschtum verstanden und darüber hinaus mit Bismarcks Person und seinem Wappen in Verbindung gebracht.

Außerdem gelangten Unmengen selbstgefertiger Verehrer-Präsente »kleiner Leute« nach Schönhausen, die das Museum allmählich bis unters Dach füllten, darunter Sofakissen, Wandkalender und Tabaksbeutel mit Porträt und Wappen des Kanzlers, meist umrahmt von pathetischen Widmungen wie »Heil Deutschlands Eiche!«.

In gleicher Weise als »Gesinnungsmanifestationen« angelegt waren die Glückwunschadressen und Gedichte, die dem Reichskanzler postsackweise ins Haus kamen. Natürlich hoffte jeder Gratulant, Geheimer Oberregierungsrat und Fabrikarbeiterin gleichermaßen, auf ein persönliches Dankschreiben des Beschenkten.

Im Wappen trugen die Bismarcks ursprünglich ein dreiblättriges Kleeblatt mit drei Eichenblättern und dem Spruch:

»Das Wegekraut sollst stehen lan,
Hüt' Dich Jung, sind Nesseln dran«

Einer alten Sage nach sollen die Kleeblätter nämlich zunächst Wegekraut und die Eichenblätter früher Nesselblätter gewesen sein. Erst Otto von Bismarck wählte später die Devise »in trinitate robur« (In der Dreizahl bzw. Dreieinigkeit liegt die Kraft).

Ihm hatte der dänische König am 11. Juni 1852 das Großkreuz des Danebrog-Ordens verliehen[1], und da es üblich war, das Wappen des Geehrten nebst einem Spruch im Waldschloß zu Frederiksborg anzubringen, entschied sich Bismarck für jene Worte, welche auch auf die aus den Winkeln des Kleeblatts herausragenden Blätter der Steineiche (robur) bezogen werden können. Als Bismarck 1871 in den erblichen Fürstenstand trat, genehmigte Kaiser Wilhelm I. die Aufnahme des Spruchs in das neue fürstliche Wappen.

Heute wirkt es bisweilen peinlich, Bismarck auf Sofakissen, Pfeifenköpfen und Kaffeetassen abgebildet oder seinen Kopf als Bierkrug ver-

[1] Mitteilungen des dänischen Reichsarchivs Kopenhagen vom 31. 8. und 1. 12. 1989 und Horst Kohl, Bismarck-Regesten, 1. Bd. (1815–1871), Leipzig 1891, S. 67. Der heute verschollene Danebrog-Orden befand sich um 1930 noch im Bismarck-Museum Schönhausen (siehe: Fürstlich von Bismarck'sches Archiv Friedrichsruh, Mappe »Inventur und Schriftwechsel des Bismarck-Museums Schönhausen«, Exponatverzeichnis, undat., Nr. 48).

wendet zu sehen. Doch vielen Menschen reichte die reine Zweckform des Gebrauchsgegenstandes einfach nicht aus, erwünscht war ein »ideeller Wert«, der mit Bismarcks Person in hohem Maße verbunden werden konnte. So gab es Bismarckmesser, Bismarckseife, Bismarckhemden, Tabak, Portemonnaies und Liköre – alles getauft auf den durchlauchten Namen. Deshalb auch kaufte man den Bierkrug, der Bismarck darstellte oder umgekehrt: man erwarb eine Darstellung des Kanzlers, die sich auch als Bierkrug verwenden ließ. So jedenfalls hat gewiß jener Hauptmann Arthur von Schierholz vom Kaiser Franz-Garde-Grenadierregiment gedacht und empfunden, der »seinem Kanzler« einen solchen Krug verehrte (siehe Schutzumschlag und Abb. 124).

All das, was da im Schönhauser Museum an Geschenken zusammenkam, entsprach in seiner formalen Gestaltung dem Geschmack der »Gründerzeit«, und vieles davon hätte sicher auch daheim im Salon oder in der »guten Stube« des Spenders seinen Platz finden können. Hier stand der geliebte modisch-moderne Bismarckkrug meist im »Prahlhans«, dem protzigen Glasschrank, ansonsten denkmalgleich auf Kommode oder Vertiko. Die Menschen hatten eine Vorliebe für effektvollen Zierrat, für historistische Möbel- und Dekorationsstücke aller Art, für Seide, Atlas und Glanzleder, für Goldrahmen, Goldstuck und Goldschnitt. Eine rührige Kunstindustrie bediente eifrig diesen Zeitgeschmack. Sie lieferte – erschwinglich für nahezu jeden Geldbeutel – das Renaissance-Prunkbuffet, die imitierte Ledertapete, den »Barockengel«, die »gotische Madonna«, den Ofen in Gestalt einer Ritterrüstung, Gemälde, Waffen und Wappenschilde als Zimmerschmuck. Die Palme hielt ihren Einzug in die »gute Stube«, und in den Schlafzimmern schwebten über den Betten gelockte Elfen, deren rosiges Fleisch durch den hauchzarten Seidentüll schimmerte. Auf den Schreibtischen der Gebildeten feierte die Nippes-Kultur bisweilen wahre Orgien, thronten bronzierte oder marmorierte Gipsabgüsse von antiken oder zeitgenössischen Bildwerken und im »Briefbeschwererformat« die Nachbildungen von Denkmälern, Burgen, Kirchen und Schiffen. Auch Bismarckdarstellungen fanden als Briefbeschwerer Verwendung. Auf dem Klavier standen Büsten und Fotografien, auf dem Sofa lagen bunt bestickte, in jedem Fall jedoch gekniffene Paradekissen. Fast jede Frauenzeitschrift gab unter dem Motto »Schmücke Dein Heim« Hinweise für hausgemachte Kunst. Ob Hosenträger, Aschenbecher, Taschentuch, Tischdecke oder Schlummerrolle – alles wurde verziert. Auch viele der Bismarck zugesandten Geschenke sind Produkte dieser ausschweifenden Dekorationslust.

Schon in den frühen »Gründerjahren« soll für diese Art industrieller wie privater Kunstproduktion die Bezeichnung »Kitsch« aufgekommen sein. Die Herkunft des Wortes ist unklar. Wahrscheinlich entstand es im Münchner Kunsthandel der siebziger Jahre. In Süddeutschland bedeutet »kitschen« soviel wie »etwas in Eile tun«, dann aber auch »den Straßenschmutz zusammenscharren« und Möbel »auf alt« zurechtmachen. Unter »verkitschen« versteht man zudem den hastigen Verkauf »unter der Hand«, meist zu Schleuderpreisen. Möglicherweise bestehen darüber hinaus Zusammenhänge mit dem englischen Wort »sketch«

(Skizze). Angeblich sollen Engländer und Amerikaner, die für ein Gemälde nicht viel ausgeben wollten, »a sketch«, eine Skizze, verlangt haben. Was sie erhielten war schnell gemachter Schund, der schließlich Kitsch genannt wurde.

So unklar die Herkunft des Wortes, so strittig ist unter Kunstwissenschaftlern die Definition des Begriffes. In der Fachliteratur wurde das Kitsch-Problem ausgesprochen kontrovers behandelt.

Unsinnig wäre es, die gesamte »gründerzeitliche« Kunst als Kitsch verteufeln zu wollen. Auch das Schönhauser Museum verfügte über wertvolle Einzelstücke des historistischen Kunsthandwerks, anspruchsvoll und formschön gestaltet, die Bismarck nicht sofort dem Museum übergab, sondern – wie einen aus der böhmischen Glashütte Theresienthal stammenden Tafelaufsatz (Abb. 69) und den aus Elfenbein geschnitzten Lampenschirm (Abb. 55) – tatsächlich selbst nutzte. Manchmal rückte eine hervorragende kunsthandwerkliche Arbeit erst durch ihre Widmung in den Dunstkreis des Kitsches.

Eine kupferne Kanne (Abb. 61), die 1893 sogar auf der Weltausstellung in Chicago zu sehen war, trägt beispielsweise den Vers:

»Und der is koa Münchner,
Dem's Bier nöt g'fallt
Und der is koa Deutscher
Der's mit'n Bismarck nöt halt!«

Wenn Kult übertriebene, ja maßlose Verehrung ist, liegt die Umsetzung dieser Hypertrophie ins Gegenständliche nahe: Kult wird zu Fleisch und wird Kitsch.

Im Museum dominierten die patriotischen »Kitsch-Produkte«, ganz gleich, ob es sich nun um liebevoll erstellte Unikate oder um industrielle Bismarck-Massenware handelte. Vereine ließen es sich etwas kosten, dem Reichsgründer Denkmäler »deutscher Größe« als handlichen Zimmerschmuck nachzubilden.

Weihnachten 1883 schenkte ihm Kaiser Wilhelm I. ein Bronzemodell vom Niederwalddenkmal (Abb. 89), weil, – wie er im Begleitbrief schrieb – Bismarck der Enthüllungsfeier nicht habe beiwohnen können. Als Privatmonumentlein zum Hausgebrauch gelangten u. a. die Berliner Siegessäule (Abb. 39) – wiederum ein Geschenk des Monarchen – und der Braunschweiger Löwe in Bismarcks Besitz. Der Wiener Verein »Niederwald« übersandte zum 80. Geburtstag den bekannten Stephansdom en miniature in der Form eines silbernen Briefbeschwerers.

Monumentale Bau- und Bildwerke wurden zu spielzeughaften Kleinformen verniedlicht, damit ideell herabgewürdigt und überdies nicht selten gedankenlos zu originalsinnwidrigen Gebrauchsgegenständen entwertet. Zuhauf sammelten sich im Museum auch Miniaturkopien bekannter Bismarck-Denkmäler an, so das einst nahe der Rudelsburg stehende vom »tollen« Studenten Bismarck aus Gips im »Akademischen Saal« und das den Reichsgründer als Feldherrn zeigende Reiterstandbild des Leipziger Siegesdenkmals aus Bronze.

Seinen Verehrern war Bismarck Kriegsheld, Reichsschmied und vorbildhafter »deutscher« Familienvater in einem. So hat man ihn auch immer wieder ins Bild gesetzt. Mit den Möglichkeiten der Kitsch-Darstellung konnte sich dieser Kult sicher am besten artikulieren und ausprägen. Bismarck verschwand »als Mensch« nicht nur im Hintergrund, er wurde vollständig liquidiert, denn der Kitsch lebt von Klischeevorstellungen, die er bestätigt, überhöht und verbreitet. Dabei bediente er sich nach Belieben phantastischer, heldisch-pathetischer, historisierender oder sentimental-rührseliger Elemente. Die Reichsgründung, Bismarcks große historische Leistung, wurde überwiegend nationalistisch reflektiert, der Krieg – sonst eines der großen Motive der Kunst – ins Verlogene und Sentimentale umgefälscht: Bismarck als Roland und Drachentöter, als Jungsiegfried und Friedensengel.

Im Schönhauser Museum hing eine Zeichnung – gedacht als Briefpapierschmuck! –, die ihn als friedensstiftenden Engel zeigte, die Flügel schützend ausgebreitet. Unter dem Saum seines wallenden Gewandes sträubte sich ein gallischer Hahn, auf den der Friedensengel mit des Kanzlers bärtigen Gesichtszügen majestätisch den Fuß setzte. Darunter befand sich der mahnende Schriftzug: »Sei dankbar mein Volk.«

Dem Kitsch ist an einem möglichst schönen Effekt gelegen, der die »Volksseele« erreichen soll, auf das Bewußtsein wirkt und Stimmungen erzeugt. Gerade die Postkarte hat als unerschöpfliche Quelle des Kitsches diesem Anspruch in hohem Maße entsprochen und Bismarck wie kein anderes »Kitsch-Medium« vereinnahmt.

Gleichfalls ein Kind der frühen »Gründerzeit«, rief sie Generalpostmeister Heinrich von Stephan am 26. Juli 1870 ins Leben.

Die billige Methode postalischer Kommunikation fand in breiten Gesellschaftskreisen schnell Anklang und weite Verbreitung.

Im Jahre 1897 wurden im Deutschen Reich bereits 533 023 460 Karten mit den unterschiedlichsten Motiven verschickt.

Besonderer Beliebtheit erfreuten sich Darstellungen aus der »vaterländischen Geschichte«. Bismarcks Leben war als regelrechte Serie zu haben. Im sächsischen Glauchau stellte Marie Bertling um die Jahrhundertwende »Special-Bismarck-Postkarten« (z. B. Abb. 91) her, und die Hamburger »Deutschnationale Buchhandlung« vertrieb »Bismarck-Karten« (z. B. Abb. 24, 34, 82 und 162).

Eine umfangreiche Postkartensammlung mit Bismarckmotiven wurde von der Stendaler Bismarck-Gesellschaft zusammengetragen, die sich im Jahre 1904 mit der schließlich erfolglosen Absicht gegründet hatte, in ihrer Stadt unter Einbeziehung der Bestände des Schönhauser Memorialmuseums für Deutschland ein zentrales Bismarck-Museum einzurichten. Archivgut dieser Gesellschaft übernahm nach 1945 das Stendaler Altmärkische Museum, darunter die Postkartensammlung, zahlreiche in Zeitschriften veröffentlichte Bismarckkarikaturen, den Reichsgründer betreffende Fotos, Zeichnungen und Bücher.

Die der Gesellschaft gehörende Bismarck-Literatur ist heute größtenteils im Stendaler Stadtarchiv verfügbar.[2]

Das Schönhauser Bismarck-Museum blieb 1945 nach Kriegsende »für die Öffentlichkeit gesperrt«.[3] Die Sammlung war aber nahezu vollständig vorhanden. Ihr Verwalter Carl Matthes betonte Ende 1945, es sei ihm durch »verständnisvollen Schutz russischer Offiziere« gelungen,

[2] 1914 waren 2211 Karikaturen, 45 Originalbriefe und Telegramme, 296 Münzen, Medaillen und Plaketten sowie 971 Bücher und Zeitschriften in Katalogen erfaßt (Geschäftsbericht 1914, In: Staatsarchiv Magdeburg, Rep. C 92, Nr. 612, Bl. 71–85).

[3] Für die folgenden Ausführungen siehe: Staatsarchiv Magdeburg, Rep. K MVb, Nr. 1483, Bl. 190–265.

»das Museum vor wesentlichen Schäden« zu bewahren. Interessierte Einzelbesucher, insbesondere sowjetische Militärs, wurden von ihm durch die Schauräume geführt. Erst im Februar 1948 erging von der Regierung des Landes Sachsen-Anhalt die Anordnung zur Auflösung der Erinnerungsstätte, da künftig »eine museale Zurschaustellung« der Bismarck-Exponate »unangebracht« sei. Der Landeskonservator beauftragte Dr. Rudolf Langhammer, den Direktor des Stendaler Altmärkischen Museums, »die für die historische Forschung wertvollen Bestände des früheren Bismarck-Museums zu Schönhausen zum Zwecke der Einlagerung abzutransportieren«. Die Umlagerung in Magazine der Stadt Stendal war am 27. März 1948 abgeschlossen.

Schon am 8. April erkundigte sich die Sowjetische Militäradministration bei der Landesregierung in Halle telefonisch über den Verbleib des Memorialmuseums. Ein Offizier hatte es bei seinem Besuch in Schönhausen »nicht mehr gefunden«. Seitens der Regierung wurde versichert, daß bei der vorübergehenden Magazinierung keine Verluste entstanden seien, die Sammlung würde sorgsam behandelt, »um bei passender Gelegenheit die Bestände für die Wissenschaft und für moderne Museumszwecke zur Verfügung zu haben«.

Anfang Oktober 1949 gelangten die meisten Exponate in das Feudalmuseum Schloß Wernigerode[4], während das Altmärkische Museum nur wenige Objekte übernahm. Offenbar ist in den fünfziger Jahren dann von Wernigerode aus ein großer Teil der Sammlung an andere Museen der DDR abgegeben worden, ohne dabei die Provenienz der Stücke zu berücksichtigen und entsprechende Nachweise zu führen. Die derzeitigen Standorte verschiedener Ausstellungsgegenstände, die 1949 zunächst nach Wernigerode kamen, ließen sich nicht mehr feststellen (z. B. Abb. 35, 100 und 120).

[4] Exponat-Verzeichnis vom 1. 10. 1949, In: ebenda, Nr. 7426, Bl. 434–442 und ebenda, Nr. 7428, Bl. 146.

Deshalb gelten heute viele Exponate des ehemaligen Schönhauser Museums als verschollen.

1956 erhielt das Leipziger Völkerkundemuseum vom Feudalmuseum über 800 Exponate der ehemaligen »Afrikanischen Sammlung«. 1978 dann trat auch das Altmärkische Museum ihm davon verbliebene Schaustücke (rund 180) – Geschenke von Forschungsreisenden und aus den ehemaligen deutschen Kolonien – dem Leipziger Völkerkundemuseum ab (Abb. 104–110).

Die meisten dieser Präsente stammen von Eugen Wolf (1850–1912), der als großer Bismarckverehrer dem Schönhauser Museum von seinen zahlreichen Reisen durch Afrika, Asien sowie Nord-, Süd- und Lateinamerika vor allem Trophäen, Waffen, Trommeln, Hausrat und Bekleidungsgegenstände übereignete. Im Januar 1892 und Ende März 1894 hat er seine Geschenke in Schönhausen selbst aufgestellt.[5] Eugen Wolf war Bismarck in Friedrichsruh ein gern gesehener Gast.

[5] Eugen Wolf, Vom Fürsten Bismarck und seinem Haus. Tagebuchblätter, Berlin 1904, S. 3–6, 13, 20, 79 ff., 139, 148 ff., 174, 189.

Manche der ursprünglich in Schönhausen gewesenen Exponate kamen nach 1927 in das neu gegründete Bismarck-Museum bei Friedrichsruh (Abb. 23, 40, 48 und 173). Zunächst im Forsthaus Aumühle eingerichtet, fand es ab 1951 im Landhaus Friedrichsruh, gegenüber dem Marstall, eine neue Heimstatt. Der Verbleib verschiedener, z. T. sehr wertvoller Schaustücke, die weder nach Friedrichsruh noch 1949 in die

Museen von Wernigerode und Stendal gelangten, ist ungeklärt (Abb. 85 und 134).

Für die voliegende Edition wurden über 130 repräsentative Exponate der früheren Schönhauser Sammlung und mehr als 100 Postkarten aus dem Archiv der ehemaligen Stendaler Bismarck-Gesellschaft in chronologisch bzw. thematisch angelegten Kapiteln vereinigt, um anschaulich zu zeigen, wie Kult und Kitsch »Leben und Werk« des Reichsgründers für sich reklamierten und widerspiegelten. Die Darstellung wird ergänzt durch bisher unbekanntes Archivgut sowie durch Fotoreproduktionen verschollener wichtiger Gegenstände und durch Ansichten der ehemaligen Museumspräsentation in Schönhausen auf der Grundlage der Bücher »Das Bismarck-Museum in Bild und Wort« und »Bismarck-Denkmal für das Deutsche Volk«.

Meine Forschungen und Recherchen wurden von verschiedener Seite unterstützt. Ich danke Herrn Günter Huth, dem Direktor des Stendaler Altmärkischen Museums, und seinen Mitarbeitern, dem Museum für Völkerkunde in Leipzig sowie dem Direktor des Feudalmuseums Schloß Wernigerode, Herrn Obermuseumsrat Reiner Haßkerl. Der Urenkel des Reichsgründers, Ferdinand Fürst von Bismarck, förderte mein Vorhaben bereitwillig durch verschiedene Auskünfte und genehmigte mir die uneingeschränkte Benutzung seines Archivs. Herr Dr. Dirk Bavendamm, der Leiter des Fürstlich von Bismarck'schen Archivs Friedrichsruh, half freundlicherweise bei der Suche nach vermißtem Museumsgut.

Die Bereitstellung der Exponate – z. T. waren kurzfristig Restaurierungen und Ergänzungen notwendig – oblag der Abteilung Gestaltung des Feudalmuseums, die dabei keine Mühe und keinen Aufwand scheute.

Bisher nicht bekannte Unterlagen über das Schönhauser Bismarck-Museum konnte ich im Staatsarchiv Magdeburg einsehen; sein Direktor, Herr Dr. sc. Rudolf Engelhardt, ermöglichte eine schnelle und zeitsparende Auswertung. Im Staatsarchiv Greifswald wurden mir freundlicherweise einige Originalbriefe Bismarcks aus dem Bestand »Bismarck-Bohlen« zugänglich gemacht. Herrn Volker Hanisch, der als Verlagslektor die Fertigstellung des Buchmanuskripts persönlich engagiert voranbrachte, bin ich für die gute Zusammenarbeit herzlich dankbar.

Schönhausen – wo die Wiege stand

Mit folgender Anzeige in der »Vossischen Zeitung« informierte der »auf Schönhausen« sitzende Landjunker Ferdinand von Bismarck am 2. April 1815 über die Geburt seines vierten Kindes:
»Die gestern erfolgte glückliche Entbindung meiner Frau von einem gesunden Sohne, verfehle ich nicht allen Verwandten und Freunden, unter Verbittung des Glückwunsches, bekannt zu machen.«

Der Junge wurde am 15. Mai auf den Namen Otto Eduard Leopold getauft. Seine Mutter Wilhelmine geb. Mencken entstammte einer bürgerlichen Beamtenfamilie, die sich guter Kontakte zum preußischen Königshaus erfreute.

Ferdinand von Bismarck genoß als Pferdezüchter einiges Ansehen. Es soll zudem ein brillanter Reiter und Jäger, aber auch ein starker Esser und eines guten Tropfens Freund gewesen sein. Ihm wurde Humor bescheinigt, doch im alltäglichen feudalen Gutsbetrieb spielte er nur zu gern den »kleinen König«.

Ottos Mutter war eine sehr begabte, freilich auch recht ehrgeizige Frau, die ihre Kinder streng erzog. Von den drei vor Otto geborenen Geschwistern lebte 1815 nur noch der fünf Jahre ältere Bernhard. Schwester Malwine kam erst 1827 zur Welt.

Ottos Wiege (Abb. 1)[1] stand im oberen Eckzimmer des Schönhauser Schlosses, das August von Bismarck um 1700 im Barockstil hatte erbauen lassen. Den dreistöckigen Herrensitz umgab ein schöner Park mit Wassergräben und -becken, mit Hecken, Sandsteinfiguren und Lindenalleen. Das Schloß ähnelte einem rießigen Würfel mit hohem Walmdach. Seine dicken Mauern erlaubten tiefe Fensternischen. Auf schweren, dunklen Holzbalken ruhte die Decke der Eingangshalle. Von hier aus gelangte man über eine wuchtige, mehrteilige Eichenholztreppe in die oberen Stockwerke. In den geräumigen, aber niedrigen Zimmern standen einfache und zweckmäßige Möbel. Die Wände schmückten Ahnenbilder, Stammbäume und Jagdtrophäen.

Mit der Heiterkeit des jungen Studiosus schilderte Otto im Frühjahr 1836 einem Freund seine gespenstisch anmutende Geburtsstätte:
»Seit vollen 4 Wochen sitze ich hier in einem verwünschten Schlosse, mit Spitzbogen und 4 Fuß dicken Mauern, einigen 30 Zimmern, wovon 2 meublirt, prächtigen Damasttapeten, deren Farbe an wenigen Fetzen noch zu erkennen ist, Ratten in Masse, Camine in denen der Wind heult, kurz, in ›meiner Väter altem Schloß‹, wo alles sich vereint, was geeignet ist, eine[n] tüchtige[n] Spleen zu unterhalten. Daneben eine prächtige alte Kirche, mein Schlafzimmer mit der Aussicht nach dem Kirchhof ...«

In der unmittelbar neben dem Schloß stehenden riesigen Dorfkirche aus dem frühen 13. Jahrhundert mit dem festungsartigen Turm erinnert noch heute so manches an die einstigen Schloßbesitzer. Da finden sich Grabdenkmäler und Epitaphien. Eine aus Eichenholz bestehende und mit reich ornamentiertem Schnitzwerk versehene Herrschaftsempore ziert zwei Wappen, links das Bismarcksche dreiblättrige Kleeblatt, rechts das der Kattes: der Kater mit einer Maus im Maul – denn August von Bismarck war mit Dorothea Sophia von Katte verheiratet.

[1] Nach einer Mitteilung von Dr. Bavendamm (24. 4. 1989) vermutlich 1945/48 in Schönhausen verlorengegangen.

Ursprünglich befand sich diese Empore in gleicher Höhe gegenüber der Kanzel. Der Pfarrer – unter dem Kirchenpatronat der Bismarcks stehend – sollte gut hörbar sein und in erster Linie zur Herrschaft sprechen. Auch Ottos Taufstein hat bis in unsere Tage die Zeiten überdauert, ebenso die Gedenktafel für die Gefallenen von 1813, auf der Leopold von Bismarck, ein Onkel Ottos, als erster genannt wird. Die Inschrift auf einer Marmorplatte erinnert an den frühen Tod von Ottos Mutter am 1. Januar 1839.

Schon 1816 siedelte Ferdinand von Bismarck mit seiner Familie – ohne Schönhausen aufzugeben – auf das neu erworbene Gut Kniephof bei Naugard (Pommern) über, wo Otto die ersten Kinderjahre verlebte. Seine Geburtsstätte aber wurde zum Wallfahrtsort, über den es in der Einleitung des 1899 erschienenen Buches »Das Bismarck-Museum in Bild und Wort« heißt: »Wenn die gliederrasselnde Eisenbahnschlange, das Sinnbild des 19. Jahrhunderts, sich fauchend losreißt von dem Altmarkstädtchen Rathenow, . . ., und gen Westen dampft, der Elbe zu: – da fliegen rechts und links grüne Wiesenflächen und ebene Kornfelder verbrämt nur mit kleinen, bescheidenen Weidenbüschen, an dem Reisenden vorüber. Ein Gelände wie ein Billardtuch. Nichts Großes ringsrum . . . Nichts Großes? Sieh' den kleinen Punkt, der sich zur Linken aus dämmernder Ferne abhebt! Größer wird er und gestaltreicher; siehe dort liegt der Geburtsort des größten Deutschen, Otto von Bismarck's Vaterhaus!«

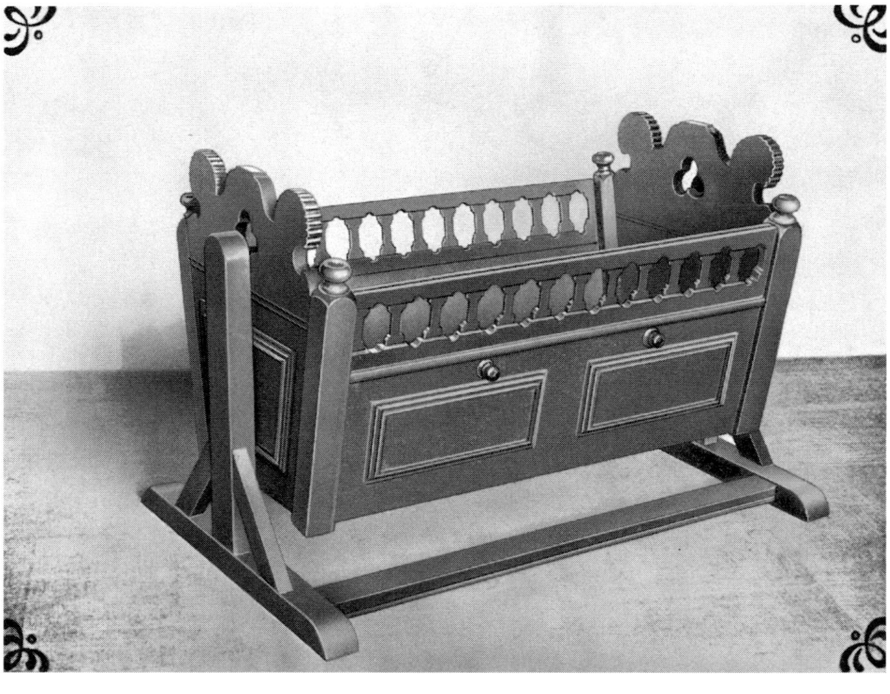

1 Bismarcks Wiege, Foto um 1900

2 *Schloß Schönhausen wurde von August von Bismarck um 1700 im Barockstil erbaut.*

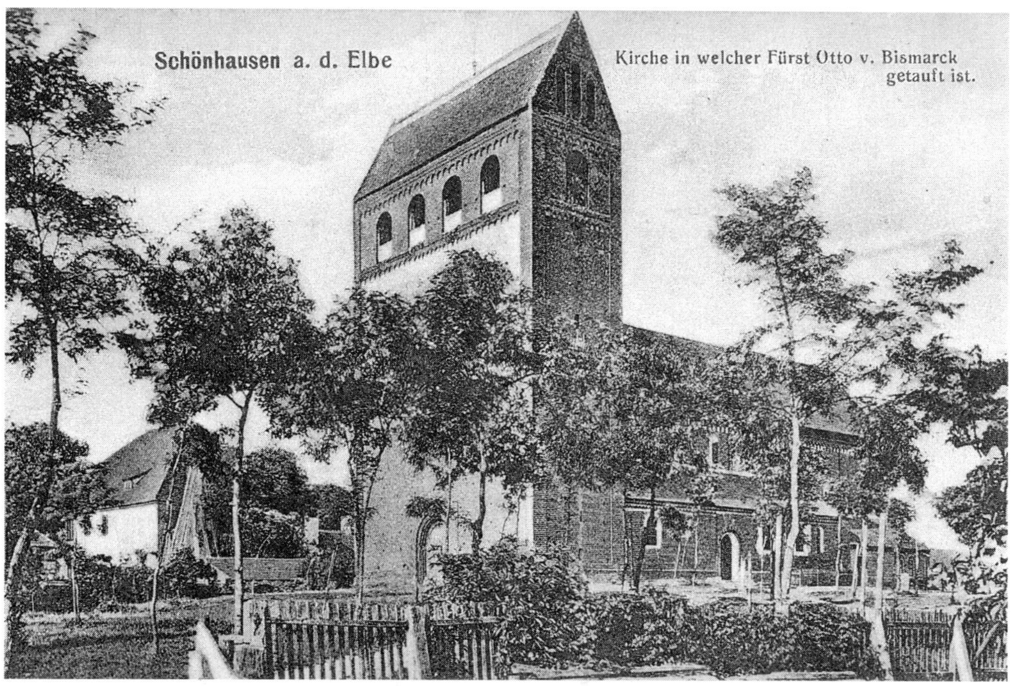

3 und 4 *Otto von Bismarck wurde am 15. Mai 1815 in Schönhausen getauft.*

5 bis 7 Aus dem Guts- und Familienbesitz der Bismarcks

5 Nudelkasten für Gänse, 1794

6 Henkelkorb aus Rohrgeflecht, 19. Jahrhundert

7 Kinderarmlehnstuhl, 18. Jahrhundert

8 *Das Wappen der Bismarcks (Glasmalerei), vier Bleiglas-Vorsatzfenster, vermutlich angefertigt für eine Stendaler Gastwirtschaft um 1880*

9 und 10 Durch Kriegseinwirkungen kaum beschädigt, wurde Schloß Schönhausen nach 1955 ohne Begründung und gegen den Einspruch des Bürgermeisters Helmut Christoph weggerissen. Ein zeitgenössischer Augenzeugenbericht vermerkt: »In einer damals durchgeführten Sondersitzung der Gemeindevertretung konnte über diese seltsame Art der Schloßbeseitigung keine Klärung erzielt werden. Der Rat des Kreises schwieg.« (Alwin Zinke, Die Sprengung des Schlosses. In: Archiv des Rates der Gemeinde Schönhausen.) Den Hinweis auf diese wichtige Quelle verdanke ich Herrn Harri Eisenächer aus Tucheim.

Bismarck, dem berühmtesten ihrer »alten Herren«, errichteten die deutschen Corpsstudenten anläßlich seines 80. Geburtstages im Vorgelände der Rudelsburg 1895/96 ein 2,8 Meter hohes Denkmal aus Bronze, das den »Eisernen Kanzler« als Studenten zeigte. Den Sockel schmückten zwei Reliefbilder: Bismarck als Jungbursch und als Altkanzler.

Das Denkmal wurde vom Hohen Kösener Seniorenconvent (HKSC) gestiftet, ausgeführt von dem Dresdener Bildhauer Norbert Pfretschner und am 23. Mai 1896 feierlich enthüllt. Schon am 27. April 1895 hatte eine siebzehnköpfige Abordnung Bismarck in Friedrichsruh ein Modell davon überreicht.

Der Verband der alten Corpsstudenten Deutschlands traf sich alljährlich Pfingsten zu seinen Jahrestagungen in Bad Kösen und zelebrierte dann auf der Rudelsburg Huldigungsfeiern für Bismarck. Ohnehin gedachte eine Denkmal-Inschrift der Tatsache, daß der Reichsgründer »der Unsre war«.

Am 10. Mai 1832 hatte sich Otto von Bismarck an der Göttinger Universität als »Studiosus der Rechte und der Staatswissenschaft« immatrikuliert.[1] Im gerade erhaltenen Abiturzeugnis war ihm bescheinigt worden: »Kenntnisse: Sind im Latainischen gut, sowohl im Verständnis der Schriftsteller als in seinen schriftlichen Übungen, im Griechischen ziemlich gut, im Deutschen besitzt er eine sehr erfreuliche Gewandheit, und in der Mathematik, Geschichte und Geographie ein befriedigendes Maaß von Kenntnissen. Von den neueren Sprachen hat er die französische und englische Sprache mit besonderem Erfolge getrieben.«

[1] Geschichte des Corps Hannovera zu Göttingen 1809–1959. Im Auftrag des Vereins Göttinger Hannoveraner bearbeitet und herausgegeben von Franz Stadtmüller, Göttingen 1963, S. 98–123.

Die als solide und vornehm geltende Göttinger Universität hatte Bismarcks Mutter ausgewählt. Otto wäre lieber nach Bonn oder Heidelberg gegangen, denn dort studierten schon verschiedene seiner Freunde, von denen er hörte, wie ihnen »das Leben so herrlich einging«. In Heidelberg, so die besorgte Mutter, würde sich ihr Sprößling nur das »widerwärtige Biertrinken angewöhnen«. Vermutlich befürchtete sie aber viel stärker, daß das Studium an der Heidelberger alma mater, die in einem liberalen Ruf stand, keine angemessene Empfehlung für den künftigen Staatsdienst in Preußen sei, und darauf sollte sich Otto ja in erster Linie vorbereiten. Er selbst hatte, so später in seinen »Gedanken und Erinnerungen« glaubhaft notiert, »so lange ich in dem damaligen Alter an eine Beamtenlaufbahn ernstlich dachte, die diplomatische im Auge«.

Doch weit wichtiger als ernsthaftes Studium war dem gerade siebzehnjährigen Bismarck zunächst ein ungebundenes Dasein. Zwar hörte Otto einige Geschichtsvorlesungen, aber in sein eigentliches Studienfach, die Juristerei, vertiefte er sich kaum. Schon im August 1832 schloß sich Bismarck dem Corps »Hannovera« an, wobei ihm besonders wichtig war, daß es sich um eine schlagende Verbindung handelte. Das »Jung-Otto-Denkmal« nahm darauf bezug, denn Bismarck hielt in der rechten Hand den Schläger und am Sockel lagen weitere Pauk- und Mensurutensilien.

Duellieren gehörte zum Ehrenkodex. Ein Beitritt zur Burschenschaft kam für Bismarck nicht ernsthaft infrage, da sich deren Mitglieder weigerten, »Satisfaction zu geben«. Hauptsächlich aber mißfiel dem jungen Landjunker der radikal-politische Kurs der Burschenschaften, die im Mai 1832 am Hambacher Fest und im Jahr darauf am Frankfurter Wachensturm beteiligt waren.
Exzentrisch gekleidet, mit dem riesigen Hund Ariel an der Leine, gehörte der duellfreudige Raufbold und trinkfeste Zecher »aus Pommern« – worauf er in der Unterschrift selbst gern hinwies – als »toller Junker« bald zu den bekannten Figuren der kleinen Universitätsstadt. Mindestens fünfundzwanzig Mensuren hat er dort geschlagen. Dabei angeblich nur dreimal verletzt, soll Bismarck »Achilleus, der Unverwundbare« genannt worden sein.[2]

Wegen Teilnahme an einem Pistolenduell als Unparteiischer mußte er im Februar 1833 für 11 Tage in den Karzer. Eine weitere noch in Göttingen verhängte Karzerstrafe saß Otto in Berlin ab, wo er von Mai 1834 bis März 1835 studierte. Unter Corpsstudenten galt Karzerhaft lediglich als Kavaliersdelikt.

Die späteren zahlreichen Anekdoten über Bismarcks Studentenzeit verklärten freilich dessen politische und persönliche Haltung. Der aufsässige Studiosus, der vor einem Universitätsrichter provokatorisch im Schlafrock erschien und den honorigen Herrn mit seinem Hund erschreckte, war kein Rebell gegen die Obrigkeit. Bismarck erlaubte sich zwar zahlreiche Streiche und Frechheiten, nicht aber – so sein Vorwurf an die Burschenschafter – »tumultarische Eingriffe in die staatliche Ordnung«. Dies hätte, folgt man Bismarcks Bekenntnis, seiner »preußischen Schulung« widersprochen.

Das an seine Studentenzeit erinnernde »Jung-Otto-Denkmal« wurde 1952 abgebrochen und vermutlich in Weißenfels eingeschmolzen.

[2] Das Archiv des Corps Hannovera (Göttingen) verfügt heute noch über das auch Bismarcks Mensuren registrierende »Paukbuch« von 1832/33. Die Einsichtnahme verdanke ich Herrn Gunnar Henry Caddick. Fechtmasken und Schläger aus Bismarcks Studentenzeit befinden sich im Bismarck-Museum Friedrichsruh.

11 Bismarck als Mitglied der Landsmannschaft »Hannovera« in deren Farben blau-rot-gold (Silhouette 1832)

12 An den im Jahre 1898 nach dem Reichsgründer benannten Klippen beim Kleinen Brocken im Oberharz dürfte der junge Studiosus Otto von Bismarck mit seinen Kommilitonen auf dem Weg zum Gipfel am 10. Juni 1832 vorbeigewandert sein. Im Frühjahr 1902 brachte der Harzklub dort eine bronzene Bismarck-Reliefplakette an, die vermutlich in den 1950er Jahren aus ihrer Einfassung herausgebrochen wurde. Am 1. April 1920 gründete sich eine Bismarck-Gemeinde auf dem Brocken, mit alljährlicher Zusammenkunft zum Geburtstag des Kanzlers.

Wernigerödisches

Intelligenz-Blatt,

zum Besten des Waisenhauses.

25stes Stück. Montag, den 18. Juni 1832. (Delius, Redacteur.)

Brocken-Besucher.

Den 10. Juni. G. von Drenkhahn, W. von Reck und L. Guse, sämmtlich aus Göttingen. H. Wolter, L. Dökel, W. Ehrhardt, O. v. Bismark, C. H. Paetz und H. Wunderlich, sämmtlich stud. resp. theol. et jur. zu Göttingen. A. von Mindorff, A. Silberschlag, G. Arckenau und H. Schotte, sämmtlich stud. jur. zu Göttin-

13 Das »Wernigerödische Intelligenz-Blatt« informierte über die Brockenbesteigungen und druckte jahrzehntelang regelmäßig die im Brockenbuch eingetragenen Namen ab. Unter dem 10. Juni 1832 findet sich Bismarck.

14 Modell des Bismarck-Denkmals bei der Rudelsburg im Memorialmuseum Schönhausen. Miniaturnachbildungen aus Eisen wurden auf der Rudelsburg als Andenken verkauft.

15 Bismarck tadelte an seiner Darstellung, die Oberlippe sei zu schmollend und zu lang: »Ich habe immer die Unterlippe stärker gehabt als die Oberlippe. Ein Unterkiefer, der zu stark hervortritt, drückt Eigensinn aus. So stark war er bei mir nicht. Solch einen Flunsch habe ich nicht gehabt. Das ist nicht die Schuld des Bildhauers, ich weiß es wohl, sondern meines Vetters Kessel (Porträtskizze von Gustav von Kessel, s. Abb. 21: »Bismarck im 20. Lebensjahre«, K. B.), an dessen Zeichnung er sich gehalten hat. Ich habe aber nie so sentimental ausgesehen, wie mein Vetter es gezeichnet hat. Einem Friseur habe ich damals nichts zu verdienen gegeben. Die Haare hingen hinten noch länger runter, über den Rockkragen weg. Den schwarzen Sammetrock trug ich nachher noch in Berlin ...«

16 Auf der Rudelsburg ehrten Deutschlands Corpsstudenten alljährlich den Reichsgründer mit Gedenkfeiern.

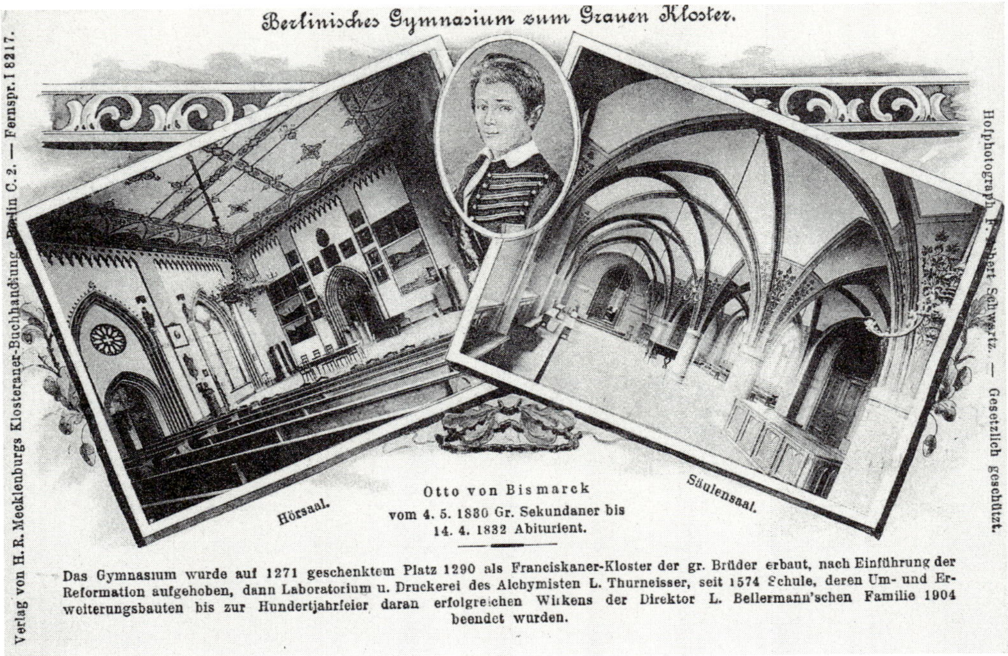

17 Seit dem 4. Mai 1830 besuchte Bismarck das Gymnasium zum Grauen Kloster in Berlin, wo ihn am 31. März 1831 der Prediger Friedrich Ernst Daniel Schleiermacher konfirmierte.

18 Universität und Denkmal für den Chemiker Friedrich Wöhler (1800 bis 1882). Buch und Lupe verkörpern Wissenschaft und Forschung, der Totenkopf mahnt: »Memento mori!«

19 Während seiner Göttinger Studentenzeit wurde Bismarck mehrfach mit strengem Karzer bestraft. Im Juli 1832 mußte er wegen Anwesenheit bei einem Duell erneut vier Tage absitzen.

20 Bismarcks Aktentasche

Am 15. Juli 1851 wurde Bismarck preußischer Gesandter beim Bundestag in Frankfurt (Main), im Januar 1859 folgte seine Ernennung zum außerordentlichen Gesandten und bevollmächtigten Botschafter in Petersburg. Von Mai bis September 1862 war er preußischer Gesandter in Paris. Bismarck sprach fließend Französisch und Englisch, ausreichend Russisch, dazu leidlich Italienisch und Polnisch sowie etwas Spanisch, Holländisch und Dänisch.

Bismarck als Knabe.

Bismarck als Student.

Im 20. Lebensjahre.

Im 30. Lebensjahre.

Im 40. Lebensjahre.

Im 50. Lebensjahre.

Im 60. Lebensjahre.

Im 70. Lebensjahre.

21 *Bismarck in verschiedenen Lebensaltern*

Eisen und Blut

Preußens König Wilhelm I. ernannte Bismarck am 23. September 1862 zum Staatsminister und interimistischen Vorsitzenden des Staatsministeriums. Am 8. Oktober 1862 folgte die Ernennung zum Ministerpräsidenten und zum Minister für Auswärtige Angelegenheiten.

Bismarck, der durchaus mit seiner Berufung rechnete, unternahm im Spätsommer 1862 eine Reise durch Südfrankreich. Die äußeren Umstände der Amtsübertragung wurden im nachhinein vielfach verklärt: Bismarck, der ungeduldig auf die wichtige Depesche aus Berlin wartet und dem dann, als seine Berufung schließlich bekannt wird, in Avignon eine jungverheiratete Dame einen doppelten Ölzweig mit der Bemerkung überreicht haben soll: »Möchte er Ihnen als Friedenskünder mit Ihren Gegnern nützlich sein.« Bismarck will ihr jedoch – wie er selbst erzählte – einen der Zweige zurückgegeben und hinzugefügt haben: »Die andere Hälfte hinter dieser Rose künde Ihnen, gnädige Frau, den ewigen Frieden in Ihrer glücklichen Ehe.«[1] (Abb. 23)

[1] Das Bismarck-Museum in Bild und Wort. Ein Denkmal deutscher Dankbarkeit. Herausgegeben mit Genehmigung des Fürsten Otto von Bismarck unter Mitwirkung von W. L. Schreiber und A. de Grousilliers, Berlin 1899, S. 13.

Schon am 30. September bestimmte Bismarck das grundlegende Ziel seiner Politik. Am Abend dieses Tages trat in Berlin die Budgetkommission des Abgeordnetenhauses zusammen. Erst am 17. September hatte das Abgeordnetenhaus mit überwältigender Mehrheit dem Heeresetat der Regierung die Zustimmung verweigert. Bismarck, der dem angeschlagenen König ein Retter aus der Not werden sollte, verkündete: »Nicht auf Preußens Liberalismus sieht Deutschland, sondern auf seine Macht ... nicht durch Reden und Majoritätsbeschlüsse werden die großen Fragen der Zeit entschieden – das ist der große Fehler von 1848 und 1849 gewesen – sondern durch Eisen und Blut.« Bis zum heutigen Tage sind diese eingängigen Worte mit dem politischen Werk des Reichsgründers untrennbar verbunden. Bismarck hat in seinen Lebenserinnerungen die Wortfolge umgekehrt und »Blut« an die erste Stelle gerückt, wodurch sich die emotionale Wirkung des Gesprochenen noch verstärkte.

Damals fand – was spätere Bismarckapologeten gern vergaßen – die zunächst verbale Kraftmeierei des neuen Ministerpräsidenten in der Öffentlichkeit allerdings wenig positive Resonanz.

Bismarck ging es innenpolitisch in erster Linie um die Stärkung des preußischen Königtums. Außenpolitisch kam es ihm darauf an, die Hegemonie Preußens in Deutschland durchzusetzen und Österreich aus diesem Deutschland auszuschließen. Das letztere gelang ihm 1866 mit dem Sieg Preußens im Krieg gegen Österreich. Die entscheidende Schlacht wurde am 3. Juli 1866 bei Königgrätz gewonnen.

Der Kaiser in Wien mußte der Auflösung des Deutschen Bundes zustimmen. Seine Donaumonarchie schied aus dem deutschen Staatenverband aus und wurde damit praktisch wie staatsrechtlich Ausland. Preußen vergrößerte sich durch Annexionen um 70000 Quadratkilometer, die Bevölkerungszahl stieg von 19,6 auf 24 Millionen an.

Von August bis Oktober 1866 schlossen sich sämtliche nördlich des Main gelegenen 19 Staaten, die zum Deutschen Bund gehört hatten, mit Ausnahme von Luxemburg und Limburg, und die drei Freien Städte freiwillig oder unter preußischem Druck zum Norddeutschen Bund zusammen. Dessen künftiger Kanzler Bismarck schloß mit den vier süddeutschen Staaten geheime Bündnisverträge ab.

Preußens Kriegserfolg hatte den Weg zur Lösung der nationalen Frage von oben weitgehend geebnet. Nach dem siegreichen Waffengang wuchs Bismarcks Popularität. Für einen großen Teil des deutschen Volkes war er eine Art Hoffnungsträger – so, wenn er beispielsweise am 11. März 1867 im Reichstag des Norddeutschen Bundes forderte: »Setzen wir Deutschland, so zu sagen, in den Sattel! Reiten wird es schon können.«

Am 19. Juli 1870 erklärte Frankreichs Kaiser Napoleon III., von Bismarck provoziert, dem Norddeutschen Bund den Krieg. Napoleon setzte seine Hoffnungen auf die antipreußisch-partikularistischen Bestrebungen in den süddeutschen Staaten sowie im preußisch besetzten Hannover und Oberhessen. Doch weder hier noch in England, Österreich oder Rußland fand er Bündnispartner. Schon nach wenigen Tagen verlor die französische Generalität gegenüber den strategischen Plänen des preußischen Generalstabschefs Moltke, der auf eine große Entscheidungsschlacht drängte, die Initiative. Bei Weißenburg, Wörth, Spichern, Mars-la-Tour und Gravelotte konnten sich die deutschen Truppen in schweren und sehr verlustreichen Kämpfen behaupten. In der mörderischen Reiterschlacht bei Mars-la-Tour und Vionville am 16. August wurden mehrere renommierte preußische Kavallerieregimenter von den Franzosen regelrecht zusammengeschossen. Bismarcks ältester Sohn Herbert erlitt bei Mars-la-Tour eine Verwundung am Oberschenkel.

Der Sieg über die Armee des Generals Mac Mahon am 2. September in der Schlacht bei Sedan besiegelte auch das Schicksal Napoleons III., der am Morgen des 2. September die Festung Sedan verließ und mit Bismarck über die Kapitulationsbedingungen sprach. Das bekannte Gemälde »Bismarck und Napoleon« von Wilhelm Camphausen zeigt Bismarck in der Pose des siegreichen Feldherrn. Ähnliche Darstellungen dieses Treffens fanden später auf zahlreichen Postkarten Verbreitung.

Der Kult um den »Eisernen Kanzler« hat sich der Kriegsjahre von 1866 und 1870/71 fleißig bedient. Meist entstand die Denkmalfigur »Bismarck« als martialisch dreinblickender deutscher Recke im Waffenrock. Anekdoten, Lieder und Gedichte priesen einen weitsichtigen Politiker, der – furchtlos im Felde – den Soldaten in Herzensgüte zugetan war. Einem schwerverwundeten Dragoner, dem eine Granate beide Arme zerschmetterte, soll er bei Königgrätz seine letzte Zigarre zwischen die Lippen geschoben haben[2], und im »Sedan-Büchlein« des Berliner Hofpredigers Bernhard Rogge, das im Jubiläumsjahr 1895 erschien, heißt es: »Am 31. Juli brach Graf Bismarck mit seinem Könige von Berlin auf und verblieb mit diesem bis nach den ersten Schlachten in Mainz. Dann ging's über Saarbrücken nach Frankreich hinein. Auf den blutigen Schlachtfeldern vor Metz in den heißen Augusttagen wich Graf Bismarck nicht von seines Königs Seite. Aber mitten unter den Kriegsläuften in nächster Nähe, durfte Bismarck niemals die Dinge in der Ferne, namentlich England, Belgien, Schweiz, die sich bedenklich rührten, aus dem wachsamen Auge verlieren; mitten unter den täglichen Strapazen und Aufregungen des Feldlagers kam auch der Minister der auswärtigen Angelegenheiten nicht zur Ruhe.«

[2] Heinrich Reimer, Bismarck. Das Jahrhundert der deutschen Einigung 1815–1915, Hamburg o. J., S. 63 (Abb.: »Fürst Bismarck überläßt nach der Schlacht bei Königgrätz einem verwundeten Soldaten seine letzte Zigarre«).

Im Deutschen Kaiserreich, das im Ergebnis dieses Krieges entstand, wurde der 2. September als »Tag von Sedan« alljährlich gefeiert. An den Sieg über den französischen »Erbfeind« erinnerte die auf dem Königsplatz in Berlin am Sedantag des Jahres 1873 enthüllte Siegessäule mit einer Viktoria als krönender Hauptfigur. Der Sockel trägt die Inschrift: »Das dankbare Vaterland dem siegreichen Heere«. Auf einer Urkunde, die im Fundament liegt, dankt Wilhelm I. »den Staatsmännern, deren einsichtsvoller Rath Uns geholfen hat, die Früchte des Sieges zu sichern und allen, welche an ihrem Theile dazu beigetragen haben, den großen Entscheidungskampf siegreich durchzufechten.« Bismarck, dem Reichsgründer, machte der Monarch die 1,30 Meter hohe Nachbildung der Säule zum Geschenk (Abb. 39).

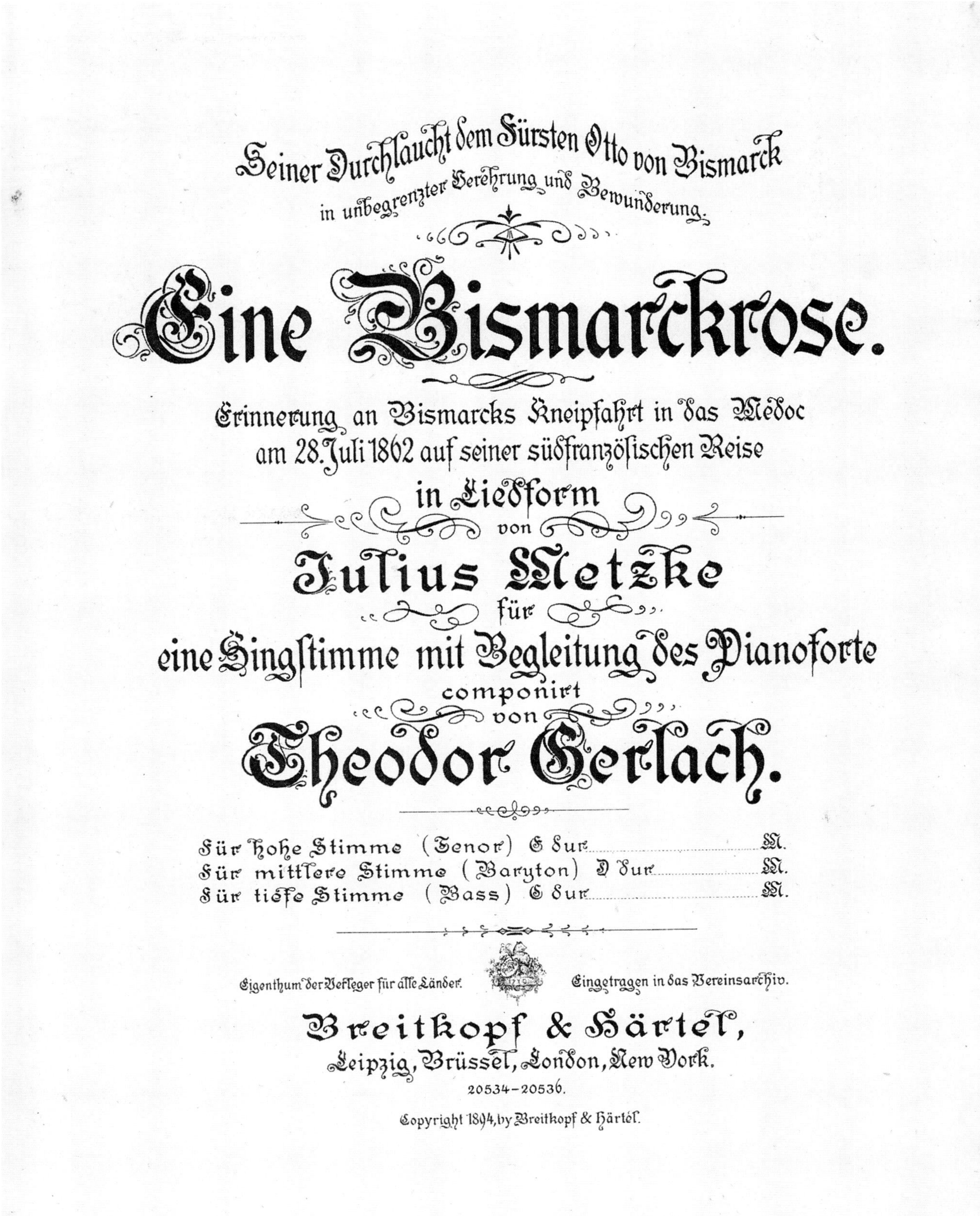

22 *Während seiner Südfrankreichreise im Sommer 1862 erwähnte Bismarck in einem Brief vom 29. Juli, er habe »den ganzen Tag . . . eine reizende Tour durchs Medoc gemacht« und dabei viele gute Weine »in der Ursprache von der Kelter getrunken«. Deshalb heißt es in diesem Lied, sie mögen dem »grossen Kanzler« auch künftig »Quell des frischen Lebens und süße Labe sein!«.*

23 Bismarcks Zigarrentasche mit dem Ölzweig, der ihm in Avignon überreicht wurde

24 Bismarck und Moltke in der Schlacht bei Königgrätz am 3. Juli 1866

25 Bismarcks Uniform
Am 3. Juli 1866, nach der siegreichen Schlacht bei Königgrätz, wurde Bismarck vom Major zum Generalmajor befördert. Seit damals trug er die weiße Uniform mit gelbem Kragen.

26 Bismarck als siegreicher Kriegsgott Mars; vor ihm sitzt die Germania mit dem Reichsschwert

27 »Bismarck und Moltke in der Schlacht bei Königgrätz, 3. 7. 1866.« Der Anekdote nach reichte Bismarck in Ungewißheit über den Ausgang der Schlacht Moltke, dem Chef des preußischen Generalstabs, sein Zigarrenetui. Dieser prüfte – so erzählte Bismarck später – dessen Inhalt sehr sorgfältig und wählte dann eine der besten Zigarren aus. Daraus will Bismarck ersehen haben, daß der militärische Sieg gesichert war.

28 Bismarcks markiger Ausspruch »Setzen wir Deutschland, so zu sagen, in den Sattel! Reiten wird es schon können« wurde noch nach Jahrzehnten, sprachlich leicht variiert, gern als Beleg für die ihm zugeschriebene Willensstärke, Tatkraft und politische Zielstrebigkeit zitiert.

29 Am 26. Januar 1894 wurde Bismarck zum Chef des 7. Halberstädter Kürassierregiments ernannt.

IN TRINITATE ROBUR.
Erinnerung
an
Mars-la-Tour
gedichtet und componirt und
Sr. Durchlaucht dem Fürsten Bismarck
Chef des 7ten Kürassier-Regimts.
unterthänigst gewidmet
von
Ph. Hesse
Alb. Querchfeld fec.
B. Querchfeld & Sohn, Bernburg.

31 a und b Vorder- und Rückseite einer »Wohlfahrts-Künstler-Postkarte«

30 Über die Kürassiere im »Todesritt von Mars-la-Tour« heißt es im Lied:

»In Ihnen hat die deutsche Kraft,
den Feind geschlagen in der Schlacht.
Wo Blut gefärbt das Schlachtfeld roth,
und tausend Helden lagen tod.
Nur eine Stimme zitternd schon,
sprach sterbend noch im letzten Ton,
wie Gott geschah Dein heilger Will,
das junge Herz nun stand es still
Doch höher soll ihr Heldenmuth,
sich zeigen dort in Kampfesgluth,
sie fochten sterbend mit Bravour
im Todesritt bei Mars-la-Tour.
Drauf ward der Feind des Krieges satt,
der Todesritt bot ihm Schachmatt.«

Abschrift.
A 3795.

Homburg, den 8 August 1870.
9 Uhr 45 M. Vorm.

An Auswärtiges Amt. Berlin.

Seine Königliche Hoheit der Kronprinz meldet: Der Feind ging nach gestriger Schlacht von Wörth in größter Aufregung zurück. bei Niederbronn versuchte französische Artillerie zu halten, es wurde von den Bayern genommen. Der Feind ging auf Straße nach Bitsch zurück. Württembergische Cavallerie nahm bei Reichshoffen viele Vorräthe und 4 Geschütze.

Todte und Verwundete bedecken die Rückzugsstraße. Heute früh wurde das vom Feinde verlassene Hagenau besetzt.

2, An der Saar wurde Saargemünd von diesseitigen Truppen besetzt. Forbach ist nach leichtem Gefecht genommen.

gez. v. Bismarck.

33 »Bismarck reitet am Morgen des 2. Sept. 1870 nach der Schlacht bei Sedan Napoleon III. entgegen.«

34 Begegnung Bismarcks mit Kaiser Napoleon III. auf der Landstraße bei Frénois am 2. September 1870. Der Text auf dieser Postkarte (Ausschnitt) der »Deutschnationalen Buchhandlung« in Hamburg lautet: »›Sie sollten uns Ihren Zusammenbruch bei Sedan vergeben? Niemals! Heute ist es endlich genug! Frankreich muß gezüchtigt werden!‹ – Bismarck an die französischen Unterhändler bei Sedan 1870.«

◁ 32 Kriegsdepesche vom 8. August 1870

35 Mit dieser Feder – ein Geschenk der Stadt Hanau – unterzeichnete Bismarck in Frankfurt am Main am 10. Mai 1871 den Friedensvertrag mit Frankreich. Ihr Kiel bestand aus massivem Gold und war reich mit Brillanten verziert.

36 Exponate im Bismarck-Museum Schönhausen Das als Zierstück dienende Trinkhorn – ein Geschenk Wilhelms I. – wird von einem Centauer getragen, der eine Frau raubt. Den Deckel schmückt ein Halali blasender Jäger. Zwischen einem Kürassierhelm und dem Trinkhorn steht eine Moltke-Büste aus Bronze.

37 Frauenfigur mit Schwert und Fahne als Symbol des Krieges im Stil der italienischen Renaissance, 1,41 m hoch, Gußeisen bronziert, Geschenk Wilhelms I.

38 *Otto von Bismarck, Gemälde von Julius Schrader*

39 Nachbildung der Siegessäule in Berlin, galvanisch verkupfert, Geschenk Kaiser Wilhelms I.
Am Original ist die Reichsgründung als Mosaik symbolhaft dargestellt: Eine Borussia empfängt aus den Händen des bayerischen Herolds die Kaiserkrone. Das Sockel-Relief von Albert Wolff zeigt den Einzug der siegreichen Truppen in Berlin am 16. Juni 1871. Im Zuge des Ausbaus Berlins zur »großgermanischen Hauptstadt« ließ Albert Speer die Siegessäule 1938 zum »Großen Stern« im Tiergarten umsetzen und aufstocken.

Am 18. Januar 1871, während die Kampfhandlungen noch andauerten, versammelten sich auf fremdem, erobertem Boden im Spiegelsaal des Versailler Schlosses deutsche Fürsten und Prinzen, hohe Militärs und die Abgeordneten der Regimenter mit ihren Fahnen.

König Wilhelm, der in der Uniform des ersten Garderegiments erschien, wurde zum deutschen Kaiser ausgerufen. Der Großherzog von Baden ließ als Ältester der anwesenden Fürsten, einer Absprache mit Bismarck folgend, »Kaiser Wilhelm« hochleben und entschied damit die strittige Titelfrage. Gemeinsam sang man »Heil Dir im Siegerkranz«, und anschließend schritt der Kaiser die kleine Front der Fahnenträger ab, musikalisch begleitet von einer Militärkapelle, die den »Hohenfriedberger Marsch« spielte. Bismarck hatte sein Ziel erreicht: die Herstellung der Hegemonie preußisch-deutscher Machtpolitik in einem einheitlichen deutschen Nationalstaat, der als Deutsches Reich gegründet worden war. Ihm gehörten 25 Einzelstaaten (vier Königreiche, sechs Großherzogtümer, fünf Herzogtümer, sieben Fürstentümer und drei Freie Städte) sowie das »Reichsland« Elsaß-Lothringen an.

Bis zuletzt wehrte sich der Preußenkönig gegen die Bezeichnung »Deutscher Kaiser«, denn auf keinen Fall wollte er den Anschein erwecken, als ob Preußisches im Deutschen aufgehe; der Titel »Kaiser von Deutschland« wäre ihm deshalb lieber gewesen. Noch am Abend vor der Reichsgründung war es darüber zum Streit mit Bismarck gekommen, der erklärte, dem Monarchen stehe die gewünschte Bezeichnung nach der Verfassung gar nicht zu.

Eine Akte, die Wilhelm I. noch am 18. Januar mit dem Vermerk an den Bundeskanzler, Graf Bismarck, versah, erhielt er prompt mit korrigierter Anschrift zurück. Bismarck hatte das Wort Bundeskanzler gestrichen und durch Reichskanzler ersetzt.

Anton von Werner, einer der bekanntesten Historienmaler jener Zeit, nahm auf Einladung des preußischen Kronprinzen Friedrich Wilhelm an der Kaiserproklamation teil. Enttäuscht notierte er: »Und nun ging in prunklosesterweise und außerordentlicher Kürze das große Ereignis vor sich, das die Errungenschaft des Krieges bedeutete: *die Proklamierung des Deutschen Kaiserreiches!* Das also war es, was der Kronprinz Friedrich Wilhelm als etwas meines Pinsels Würdiges in seinem Telegramm bezeichnet hatte!« König Wilhelm, so von Werner, habe etwas gesprochen, Bismarck »mit hölzerner Stimme etwas Längeres« vorgelesen, schließlich dann das Vivat des Großherzogs und ein »dreimaliges Donnergetöse unter dem Geklirr der Waffen.«[1]

Im Auftrag der deutschen Fürsten, der Freien Städte und der Kaiserin entstand als Geschenk für Wilhelm I. eine erste Version des Bildes »Kaiserproklamation in Versailles«, die das tatsächliche Geschehen insgesamt wohl recht realistisch widergab. Bismarck ist im Gedränge kaum zu erkennen. Die ganze Situation wirkt unübersichtlich. Die äußere Form macht einen wenig pompösen Eindruck.[2]

Die einige Jahre später entstandene zweite Fassung schenkten der Kaiser und die königliche Familie dem Reichsgründer 1885 zum 70. Geburtstag. Offenbar beabsichtigt, mit diesem Bild ein nationales Symbol zu schaffen, wurde Bismarck, der die Proklamationsurkunde verliest,

[1] Anton von Werner, Erlebnisse und Eindrücke 1870–1890, Berlin 1913, S. 33 f.

[2] Peter G. Thielen, Zur Historienmalerei der Bismarckzeit. In: Spiegel der Geschichte. Festgabe für Max Braubach zum 10. April 1964, hrsg. von Konrad Repgen und Stephan Skalweit, Münster i. W. 1964, S. 821 ff.; Hans-Günther Schmidt, Historienmalerei als Quelle. In: Geschichte lernen, H. 5, September 1988, S. 61 ff.

jetzt deutlich ins Zentrum gerückt. Eine weiße Kürassieruniform, statt der tatsächlich getragenen blauen, läßt ihn für den Betrachter zum Blickpunkt werden. Wilhelm I. kommentierte dies gegenüber dem Maler mit den Worten: »Sie haben ganz recht, er war falsch angezogen, und es ist ganz richtig, daß Sie das korrigiert haben.« Sogar Preußens Kriegsminister Albrecht von Roon, der wegen Krankheit an der Zeremonie nicht hatte teilnehmen können, wurde neben Bismarck in das Bild eingefügt. Insgesamt ist verständlich, daß der geehrte Kanzler zu Anton von Werner meinte, diese Version gefalle ihm besser als die erste.[3] Das heute im Bismarck-Museum zu Friedrichsruh ausgestellte Gemälde befand sich früher im Schönhauser Memorialmuseum. In unzähligen Reproduktionen in Umlauf gebracht, vermittelt es bis in unsere Tage ein unrealistisches Bild vom »Reichsgründungsakt« (Abb. 40 und 41).

[3] Anton von Werner, S. 425.

Erst Ende 1870 hatten sich alle deutschen Fürsten mit der Gründung des Deutschen Reiches einverstanden erklärt. Bismarck war es schließlich sogar gelungen, Ludwig II. von Bayern zu bewegen, den preußischen König im Namen der deutschen Dynastien zur Annahme der Kaiserkrone zu bewegen. Freilich tat der stets geldbedürftige Bayer dies nur für eine jährliche Rente von 100 000 Talern. In seinem mit Bismarck abgesprochenen Schreiben an Wilhelm I. äußerte Ludwig den Wunsch, »daß es Ew. Majestät gefallen möge, durch Annahme der deutschen Kaiserkrone das Einigungswerk zu weihen«.

Die Beziehung zwischen Bismarck und dem Bayernkönig war oft Gegenstand der Karikatur (Abb. 44).

Bismarcks Rückkehr aus Frankreich nach Berlin, seine Reise durch das geeinte Deutschland, geschah im Triumphzug, und als in der künftigen Hauptstadt am 21. März 1871 der neue Reichstag feierlich eröffnet wurde, machte Kaiser Wilhelm dem Kanzler sogleich mit einem persönlichen Handschreiben die Erhebung in den erblichen Fürstenstand bekannt. Das Diplom hat folgenden Wortlaut:

»Wir, Wilhelm, von Gottes Gnaden König von Preußen etc., thun kund für Uns, Unsere Erben und Nachfolger in der Krone, daß Wir den Kanzler des Deutschen Reiches, Präsidenten unseres Staatsministeriums, Generallieutenant Leopold Eduard Otto Grafen von Bismarck-Schönhausen, in Erwägung, wie derselbe durch seine, Uns und Unserem Königlichen Hause, Unserer Monarchie und dem gesammten Deutschen Vaterlande mit treuer Ergebenheit und voller Hingebung, in unablässigem Eifer und staatsmännischer Weisheit geleistete Dienste, unter Gottes gnädigem Schutze, nicht nur Ehren, Macht und Ansehen Unseres Königlichen Hauses und Preußens mit reichstem Erfolge gefördert, sondern auch um die durch ewig denkwürdige Siege des gesammten Deutschen Volkes ruhmvoll erkämpfte Wiederherstellung eines, die Fürsten und Stämme des gemeinsamen Vaterlandes vereinigenden Deutschen Reiches unvergängliche Verdienste sich erworben hat, zu Bezeugung Unserer Königlichen Huld und Wohlgewogenheit ein Denkmal der Ehren, welches ihm und den Seinigen zu einer immerwährenden Zierde, zu beständigem Vorzuge und zu dauernder Erinnerung dessen, was er für Uns, Unser Königliches Haus und das gemeinsame Vaterland geleistet und erreicht hat, dienen soll, zu stiften Uns entschlossen und ihn dazu am 21. März des Jahres 1871 unter dem Namen ›Fürst von Bismarck‹ in den erblichen Fürstenstand Unserer Monarchie erhoben haben.«

Im Bismarck wenige Tage später überreichten Ehrenbürgerbrief der Stadt Berlin, dessen Urkunde Adolph Menzel gestaltete, blickt Kaiser Barbarossa aus seinem Felsen hervor, auf dem drei Frauengestalten – Preußen, Bayern und Württemberg verkörpernd – in treuer Eintracht Arm in Arm stehen. Rechts davon, auf einem Söller, schwenken Kinder Siegespalmen, und ein Waffenschmied hält die Fahne Berlins empor.[4]

Der geehrte Bismarck erscheint als Barbarossas Testamentsvollstrekker. Friedrichs Erwachen ist das Erwachen des Deutschen Kaiserreichs zu neuem Glanz, in dem Wilhelm I. gleichsam als wiedererstandener Barbarossa regiert – der »Weißbart auf des Rotbarts Throne«[5] mit dem ihm ergebenen Paladin Bismarck.

Schon unmittelbar nach der Reichsgründung wurden so Konturen einer künftigen Geschichtsbetrachtung deutlich, die dann tatsächlich im Kaiserreich bis 1918 dominant blieb und Eingang fand in historische Darstellungen und Schulbücher.

»Fürst Bismarck« stand 1871 auf dem Gipfel seiner Karriere; als »Schmied des Reichs« hat er symbolhaft Gestalt angenommen.

Wie auf dem Gemälde von Guido Schmitt wurde die Kultfigur dann auch immer wieder ins Bild gesetzt: Mit vorgebundener Lederschürze und aufgekrempelten Hemdsärmeln schmiedet sie das Schwert der Deutschen – Heroenkult, aber auch militant-nationalistische Mahnung, das durch Bismarck Erreichte zu bewahren. Nach der Annexion Elsaß-Lothringens sollte der Rhein ein deutscher Strom bleiben und niemals wieder Deutschlands Grenze sein.

Die dem Reichsgründer geschenkte Bronzestatuette »Der deutsche Held« von Heinrich Kiesewalter aus Breslau (Abb. 51) präsentiert hinter dem Kopf des mit Stierhelm, Schild, Speer und Schwert bewehrten »Helden« an einem Eichenstamm Bismarcks Wappenschild. Johannes Trojan verfaßte dazu ein »Begleitgedicht«[6], dessen erste Strophe lautet:

»Da hängt an starker Eiche
Des alten Ritters Schild,
Der in dem Deutschen Reiche
Als Bester, Treu'ster gilt.
Es hält davor in Waffen
Die Wacht ein freier Mann,
Der Achtung wohl verschaffen
Sich und dem Schilde kann.«

Elitärer Heroenkult, Monarchie- und Kriegsverherrlichung, Militarismus, Antidemokratismus und Antisozialismus wurden nach der Reichsgründung in Deutschland immer mehr zu den bestimmenden, massenwirksamen ideologischen Leitmotiven. Anläßlich der Kaisergeburtstage oder zu den Jahrestagen der Kaiserproklamation und der Schlacht von Sedan erlebte die Heldenverehrung um den greisen Wilhelm I. und um Bismarck ihre alljährlichen Höhepunkte.

[4] Das Bismarck-Museum, Tafel 48 (Original im Bismarck-Museum Friedrichsruh), S. 72f.

[5] Wilhelm Falckenheiner, Hohenstaufen und Hohenzollern oder Kaiser Rotbarts Erwachen im Kyffhäuser. Ein nationales Volksbühnenspiel, Kassel 1888, S. 53.

[6] Das Bismarck-Museum, S. 149f.

40 »Kaiserproklamation in Versailles«, Gemälde von Anton von Werner

41 Der »Fürstensaal« im Bismarck-Museum Schönhausen. Rechts neben dem Durchgang hängt das Gemälde »Kaiserproklamation in Versailles«.

42 und 43   Postkarten um 1900, die den Reichsgründer Bismarck glorifizieren

44   Die Karikatur zeigt einen pfeiferauchenden Bismarck. Den Pfeifenkopf ziert das Porträt König Ludwigs II. von Bayern. Neben dem »Eisernen Kanzler« hockt der »Reichshund«.

45 bis 47   80-Liter-Bierfaß. Geschenk der Rathenower Exportbierbrauerei Rutschmann & Co. Auf dem einen Deckel mit der Inschrift »Ob Er's schafft?« ist Bismarck als »Reichsfaßbinder« zu sehen, der die Dauben – sie verkörpern die einzelnen deutschen Staaten – zusammenfügt. Der zweite Deckel trägt die Inschrift »Er hat's geschafft«.

48 Amboß, Geschenk der Bergischen Schmiede von Remscheid. Auf dem Amboß, aus einem Eichenstamm hergestellt, stehen zwei Hämmer und eine Zange, die von vergoldeten schmiedeeisernen Lorbeer- und Eichenzweigen umschlungen sind. Eine zusammengeschweißte kurze Eisenstange trägt die zwei Bezeichnungen »Nord« und »Süd«. In einem verzierten Ledergurt stecken unterschiedliche Werkzeuge. Ein eiserner Reifen mit erhabener Krone, der den Amboß umspannt, hat die Inschrift:

»Der mit Eisen und Blut
Aus Hader und Gluth
Geschmiedet des neuen Reichs Krone –
Nimm Bergischer Schmiede Dank zum Lohne«

49 Vivatschleife für Bismarck

50 Tintenfaß in Form eines Schiffskompasses, Geschenk des Vereins deutscher Maschinen-Ingenieure zu Bismarcks 80. Geburtstag. Das silberne Faß ist von verschiedenen Maschinenteilen umgeben und über einen Zahnradmechanismus zu öffnen. Der mit einem silbernen Lorbeerkranz versehene Deckel trägt die Inschrift »18. Januar 1871«.

51 »Der deutsche Held«. Bronzestatuette auf Eichenholzsockel von Heinrich Kiesewalter. Bismarck fand an der 43 cm hohen Figur großen Gefallen; sie stand lange Zeit im Friedrichsruher Eßzimmer.

Varzin und Friedrichsruh

Im Frühjahr 1867 erwarb Bismarck das in Hinterpommern, nicht weit von der Ostsee gelegene Gut Varzin, zu dem sieben Dörfer gehörten. Sein neuer Besitz, der etwa zur Hälfte aus Wald bestand, war damals rund 22500 Morgen groß.

Bismarck verwandte für den Kauf eine Dotation in Höhe von 400000 Talern, die ihm das preußische Abgeordnetenhaus in Anerkennung seiner Verdienste im Dezember 1866 bewilligte. König Wilhelm hatte Bismarck wissen lassen, daß er es gern sähe, wenn die beachtliche Schenkung zum Erwerb von Grund- und Kapitalbesitz verwendet würde, »welcher« – wie er schrieb – »mit dem Ruhme Ihres Namens und Ihrer Familie dauernd erhalten bliebe«.

Geschickt hat es Bismarck im Laufe der Jahre verstanden, den riesigen Besitz weiter »abzurunden«. 14000 Morgen kaufte der von »Landhunger« Besessene mit der Zeit noch dazu. Um 1890 stellte Varzin einschließlich dreier verpachteter holzverarbeitenden Fabriken einen Wert von drei Millionen Mark dar.

Bismarck liebte den pommerschen Zufluchtsort. In Varzin lebte er, angeblich der schlechten Gesundheit wegen, oft monatelang. Hier – eine Tagesreise mit der Eisenbahn von Berlin entfernt – konnte der Ministerpräsident Preußens die strapazierten Nerven entspannen, politische Entscheidungen überdenken und Gäste empfangen. Seinem Vetter Friedrich von Bismarck-Bohlen schrieb er am 21. Juli 1869: »Ich bin den ganzen Tag in Wald und Feld, fühle mich dabei erheblich wohler und wohlwollender als in Berlin. Wenn ich 4 Stunden geritten bin wird mir erst behaglich.« (Abb. 58)

Zum »Zauberer von Varzin« verklärt, machte Bismarck tief in Hinterpommern »große Politik«.[1] Als Nebenschauplatz offizieller Regierungsarbeit stand das kleine Dorf bald im Ruf einer »heimlichen Metropole«. Doch in der pommerschen Abgeschiedenheit verlor Bismarck bisweilen auch den Überblick über die Staatsgeschäfte, und durch manche Entscheidung »aus dem Varziner Erfahrungshorizont« schädigte er das Ansehen der Berliner Ministerien.

Nach 1871 zog es viele Schaulustige nach Varzin, die den »Reichsgründer« besuchen, zumindest aber sehen wollten. Jetzt erst wurde das Dorf so richtig bekannt, und 1894 war es dann zweimal Ziel großangelegter Huldigungsreisen (Abb. 56).

1885 wurde der höchste Berg der Insel »Neupommern« im Bismarck-Archipel auf den Namen »Varzin« getauft.

Auch Bismarcks Tod tat der Berühmtheit seines pommerschen Landsitzes »im Range einer nationalen Kultstätte« keinerlei Abbruch. Bald erinnerte im sogenannten Fürstenbau des Varziner Schlosses ein kleines Museum an den ehemaligen Besitzer, und an der Außenmauer ließ die Familie ein großes Kupferrelief von Bismarcks Lieblingspferd »Schmetterling« anbringen.

Als im August 1902 im Varziner Park eine Marmorbüste des Kanzlers enthüllt wurde (Abb. 54), sagte der Festredner: »Varzin sei und werde immer bleiben eine geheiligte Stätte nationaler Erinnerung.«

Verschiedene der Bismarck dargebrachten Geschenke sind verziert mit einer Darstellung des Varziner Schlosses, das Johanna von Bis-

[1] Für das Folgende: Lothar Machtan, Bismarcks Varzin – Warcino heute. Betrachtungen zu einem Symbol politischer Kultur aus Preußen-Deutschland, Habilitationsvortrag am 30. Mai 1989, Universität Bremen; »Varzin-Warcino. Ein unbequemes Erbe«, Fernsehfeature von Lothar Machtan und Pawel Woldan, Südwestfunk Baden-Baden 3, 19. 9. 1989.

marck 1867 noch ein scheußliches »altes, verwohntes Ungetüm« nannte. Erst der spätere Anbau machte es etwas wohnlicher. Wunderschön aber war der Park mit dem Goldfischteich, seinen Buchen und Eichen, den üppig wachsenden Farnen und dem Waldmeister.[2] Mehrere Zeichnungen, von Illustrierten gern veröffentlicht, zeigen Bismarck in seiner Varziner Idylle (Abb. 59 und 60).

[2] P. Hahn, Varzin. Persönliche Erinnerungen an den Fürsten Otto von Bismarck, Berlin (1909).

Im Mai 1871 erhielt Bismarck als weitere Dotation von Kaiser Wilhelm die im Sachsenwald bei Hamburg gelegene rund 25000 Morgen große Domäne Friedrichsruh. Der neue Besitz, von Bismarck in einem sehr verwahrlosten Zustand übernommen, wurde seinerzeit auf 500000 Taler geschätzt. Zwanzig Jahre später veranschlagte man seinen Wert auf über drei Millionen Mark.

Direkt an einem Haltepunkt der Eisenbahnlinie Berlin–Hamburg gelegen und nur 260 Kilometer von der Hauptstadt entfernt, erwarb Bismarck hier 1879 ein ehemaliges Hotel als künftigen Wohnsitz. Das gelbgetünchte, zweistöckige Gebäude war äußerlich eher häßlich zu nennen. Doch für schöne Architektur hatte Bismarck – wie schon Varzin zeigte – ohnehin wenig Verständnis, umsomehr für behagliches Wohnen. Er selbst meinte später: »Als ich Friedrichsruh übernahm, dachte ich hier nur vorübergehend als Tourist zu logiren, später, als ich mich gänzlich hierher zurückzog, war es mir zum Neubau zu spät; man erlebt selten das Ende, und wenn man es erlebt, hat man keine rechte Freude daran. Ich will hier meine Ruhe und Bequemlichkeit haben, und das ist auch der Fall.«

Ein Schloßneubau ist Bismarck, der bequemes Mobiliar und warme Kamine besonders schätzte, wohl einfach zu teuer gewesen. Außerdem lebte er bis 1895 sowohl in Varzin als auch in Friedrichsruh. Erst nach seinem 80. Geburtstag blieb er ständig im Sachsenwald. Eugen Wolf, der Forschungsreisende, hat Bismarcks Friedrichsruher Domizil beschrieben: »Die Wohnung des Fürsten macht den Eindruck, dass alles auf das Praktische gerichtet ist. Links vom Eingang das Zimmer für den aufwartenden Diener, daran anschliessend das Arbeitszimmer Rottenburgs, sodann das Arbeitszimmer des Fürsten, geschmückt mit vielen wertvollen Erinnerungen, darunter solche vom alten Kaiser, rechts vom Eingang ein Vorzimmer, das als Garderobe dient, daran anstossend der Empfangssalon, sodann das Wohnzimmer; links davon der kleine Empfangssalon der Fürstin, rechts das geräumige Speisezimmer; eine Treppe hoch die für die Familie und die Gäste sehr behaglich aber nicht luxuriös eingerichteten Wohn- und Schlafzimmer.«

Auch von Friedrichsruh aus hat Bismarck manchmal wochenlang das Reich regiert. Arthur von Brauer, der im Herbst 1889 in Vertretung Franz von Rottenburgs, des Chefs der Reichskanzlei, dort Dienst tat, schilderte detailliert den Tagesablauf des Kanzlers, der am liebsten und intensivsten vormittags arbeitete: »Der Fürst las die von mir nach Gegenstand und Amtsstelle geordneten Eingänge durch, machte mit seinem langen Bleistift knappe Randvermerke über die Art der Erledigung oder gab mir eine allgemeine mündliche Weisung, in welchem Sinne eine Sache weiter bearbeitet werden solle. Über umfangreichere oder verwickeltere Angelegenheiten ließ er sich Vortrag halten.« Nur

Bismarcks Frau Johanna genoß das Privileg, »dem Vormittagsvortrag beizuwohnen. Sie kam und ging, setzte sich an den Tisch, las Zeitungen oder schrieb Briefe ... Um die Weltgeschichte, die zu der Stunde in diesen Räumen gemacht wurde, kümmerte sie sich blutwenig. Nur wenn ihr ein bekannter – geliebter oder gehaßter – Name ans Ohr schlug, fuhr sie gelegentlich mit einer nichts weniger als sachlichen Bemerkung dazwischen, wie z. B. ›Ach, der Schafskopf!‹ oder ›Hat der wieder eine Dummheit gemacht?‹ oder auch: ›Tut dem nichts, er ist so nett!‹

Der Fürst (den Johanna liebevoll »Ottochen« nannte – K. B.) achtete nicht darauf und gab niemals Antwort.«[3]

[3] Arthur von Brauer, Im Dienste Bismarcks, Berlin 1936, S. 272 f.

Zu Bismarcks alltäglicher Behaglichkeit gehörte gutes und reichliches Essen. Mittags und abends soll er fünf Gänge sowie Unmengen von Bier und Wein zu sich genommen haben. Seine Angewohnheit, bei den Mahlzeiten wahllos Süßigkeiten, Heringe, Gebratenes und Mehlspeisen regelrecht in sich hineinzustopfen, überraschte anwesende Gäste immer wieder. Schon zum zweiten Frühstück, das erst gegen Mittag eingenommen wurde, dominierte deftige Kost. Einmal gab es »Kaviar, Spickaal, kalte Küche, dann Königsberger Klops mit Kartoffeln ...; dazwischen wurde alter Litauer Korn angeboten«. Häufig kredenzte der Hausherr seinen Gästen aber auch hausgemachte Würste aus Varzin, in Bouillon eingelegte Heringe, Anchovis, Kartoffelsalat und Fluhm, ein pommersches Gänsefett, das Bismarck neben Eiernkuchen besonders gern verspeiste. Anschließend kamen Kaffee, Kognak und Zigarren auf den Tisch. Nach der ebenfalls recht üppigen Abendmahlzeit, dem Diner, »legte sich der Fürst im Wohnzimmer auf eine Chaiselongue und zündete die lange Pfeife an; nachdem sie ausgeraucht war, folgte eine andere«, notierte Eugen Wolf in sein Tagebuch.

In Bismarcks Wein- und Bierkeller lagerten die »erlesensten Erzeugnisse ihrer Gattung«, dafür sorgte schon »die Liebe und Verehrung eines dankbaren Volkes, das in dieser genießbaren Form dem Nationalheros seinen Dank abstattete«, bemerkte Julius Heiß, der Rentmeister von Friedrichsruh. Täglich habe ein Wagen von der Eisenbahnstation die Geschenklieferungen herangeschafft.[4]

[4] Julius Heiß, Bismarck zu Hause. Aus eigenem Erleben erzählt, Minden i. W., (1936), S. 45.

Doch die guten Mahlzeiten forderten ihren Tribut. 240 Pfund brachte Bismarck um 1880 auf die Waage (Abb. 79). Bald klagte er über Leber- und Magenschmerzen, Verdauungsstörungen, Kreislaufschwäche und Schlaflosigkeit. Auch häufige Kuraufenthalte in Bad Kissingen bewirkten keine Besserung des angeschlagenen Gesundheitszustandes. Ein Arzt stellte schließlich Leberkrebs fest. Völlig anders lautete die Diagnose des jungen und bis dahin unbekannten Dr. Ernst Schweninger. Lapidar sagte er zu Bismarck: »Sie haben keinen Krebs, Durchlaucht. Sie haben sich überfressen!« Dem Kanzler wurde der Alkohol verboten und eine strenge Diät verordnet. Schweninger, der seinen Patienten mit heißen Umschlägen, Packungen, Bädern und leichten Massagen kurierte, blieb Bismarcks vertrauter Leibarzt.

Im Auftrag der »Illustrirten Zeitung« hat Emil Limmer den in Friedrichsruh weilenden Kanzler oft gemalt. Sein Bild vom genüßlich pfeiferauchenden Bismarck fand auch als Postkartenmotiv Verwendung (Abb. 67).

52 *Den Deckel des Kästchens schmückt eine aus Perlmutt angefertigte und silbern eingefaßte Ansicht von Schloß Varzin.*

53 *Der Schloßpark von Varzin um 1900*

54 *Das von Adolf Donndorf (1835–1916) stammende und 1902 errichtete Bismarck-Denkmal stand bis 1946 (?) im Varziner Park. Donndorfs 1886 geschaffene Marmorbüste Bismarcks befindet sich in der Berliner Nationalgalerie.*

55 Lichtschirm mit einer Ansicht des Varziner Schlosses, geschnitzt aus Elfenbein. Den Ständer ziert Bismarcks Wappen, Geburtstagsgeschenk (1895).

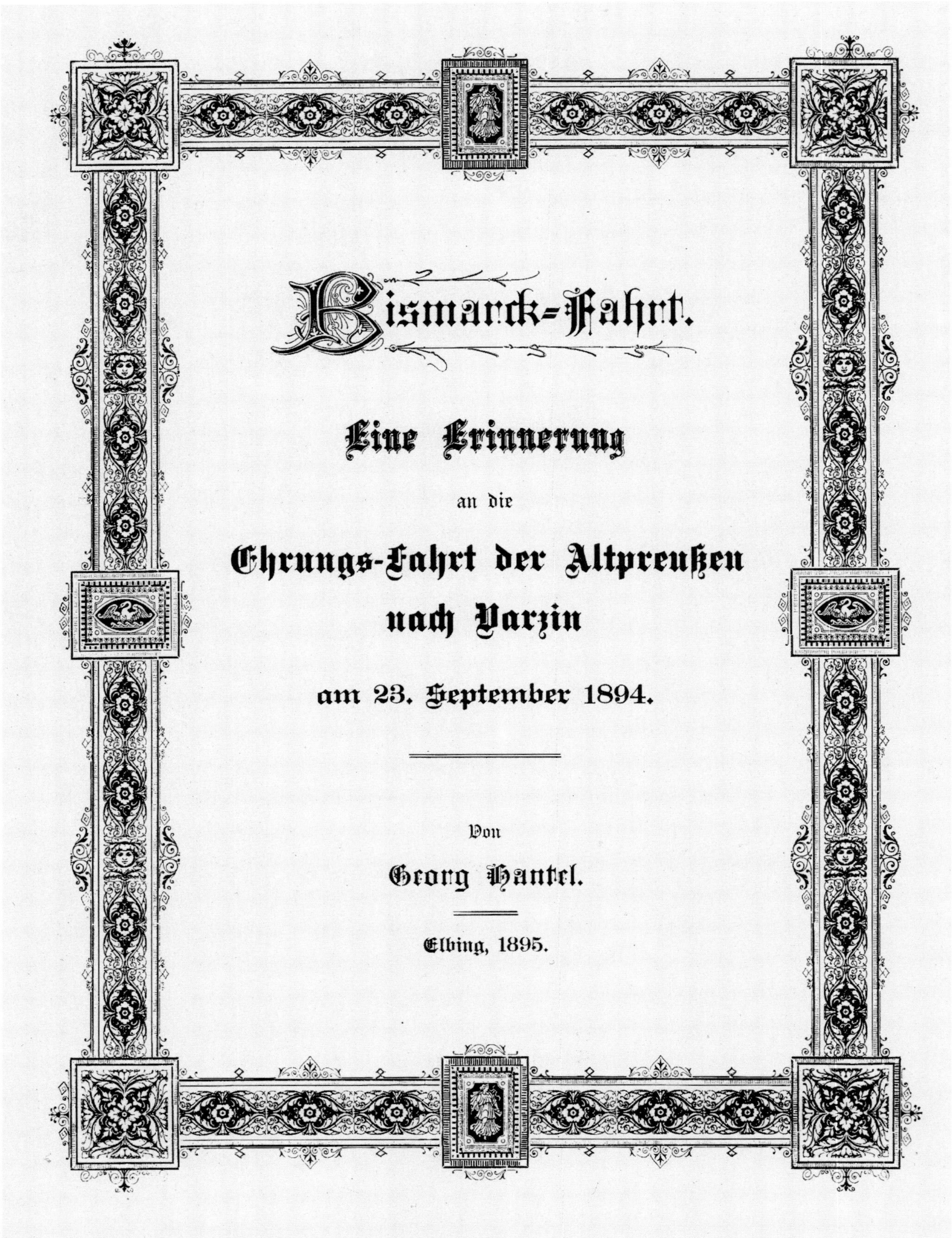

Bismarck-Fahrt.

Eine Erinnerung

an die

Ehrungs-Fahrt der Altpreußen
nach Varzin

am 23. September 1894.

Von

Georg Hantel.

Elbing, 1895.

56 *Titelblatt eines längeren Gedichts von Georg Hantel, »Seiner Durchlaucht Dem Fürsten Otto von Bismarck in tiefster Ehrfurcht und höchster Verehrung zugeeignet«*

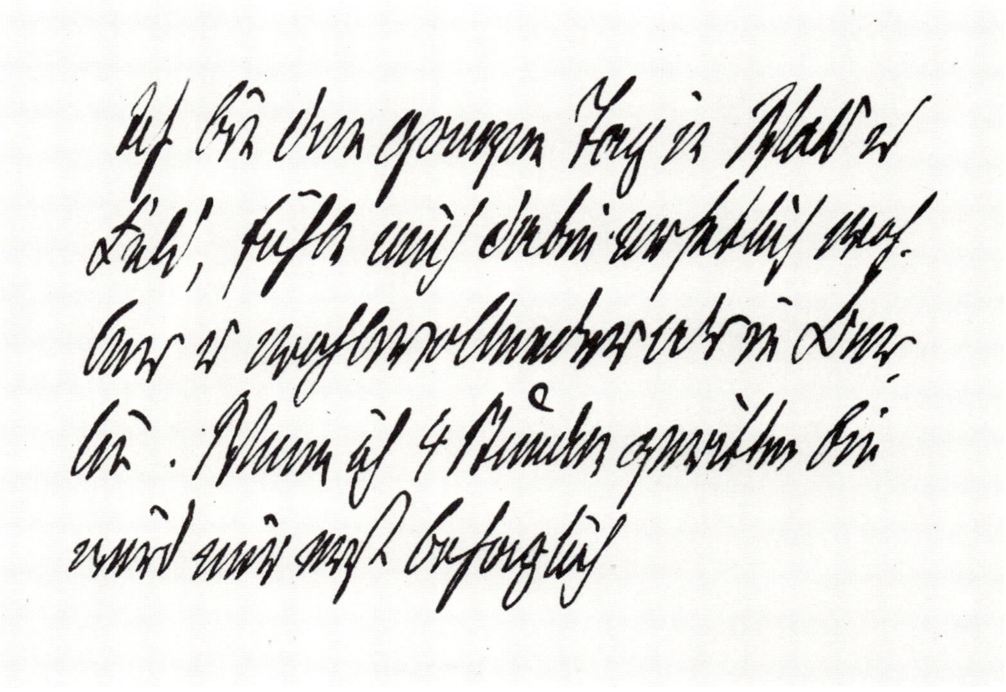

57 *Chromolith-Wandteller von Villeroy & Boch in Mettlach*

58 *Otto von Bismarck an seinen Vetter Ferdinand von Bismarck-Bohlen am 21. Juli 1869 aus Varzin*

61 *Kupferne Zierkanne, Neorenaissance, 60 cm hoch, getrieben und Bismarck zum 70. Geburtstag persönlich überreicht von dem Münchner Kupferschmiedemeister H. Seitz. Der die Kanne schmükkende Reichsadler trägt auf seiner Brust Bismarcks Wappen; rechts und links davon die Schlösser Varzin (im Bild) und Schönhausen, darunter die Türme der Münchner Frauenkirche und das Münchner Kindl.*

59 *Bismarck auf der Veranda des Varziner Schlosses*

60 *Bismarcks Arbeitszimmer im Schloß Varzin*

62 und 63 Schaustücke im Bismarck-Museum Schönhausen

64 Wandteller aus Holz (1890), dargestellt: Otto von Bismarck (Mitte), seine Frau Johanna geb. Puttkamer (links oben), Tochter Marie sowie die Söhne Herbert und Wilhelm (rechts unten) ▷

65 Von links nach rechts: Schwester Malvine von Arnim Kröchlendorff, Schwager Oskar von Arnim Kröchlendorff, Tochter Marie Gräfin Rantzau, Sohn Herbert von Bismarck, Schwiegersohn Kuno Graf von Rantzau, Sohn Wilhelm von Bismarck und dessen Frau Sibylle, Ehefrau Johanna, Otto von Bismarck

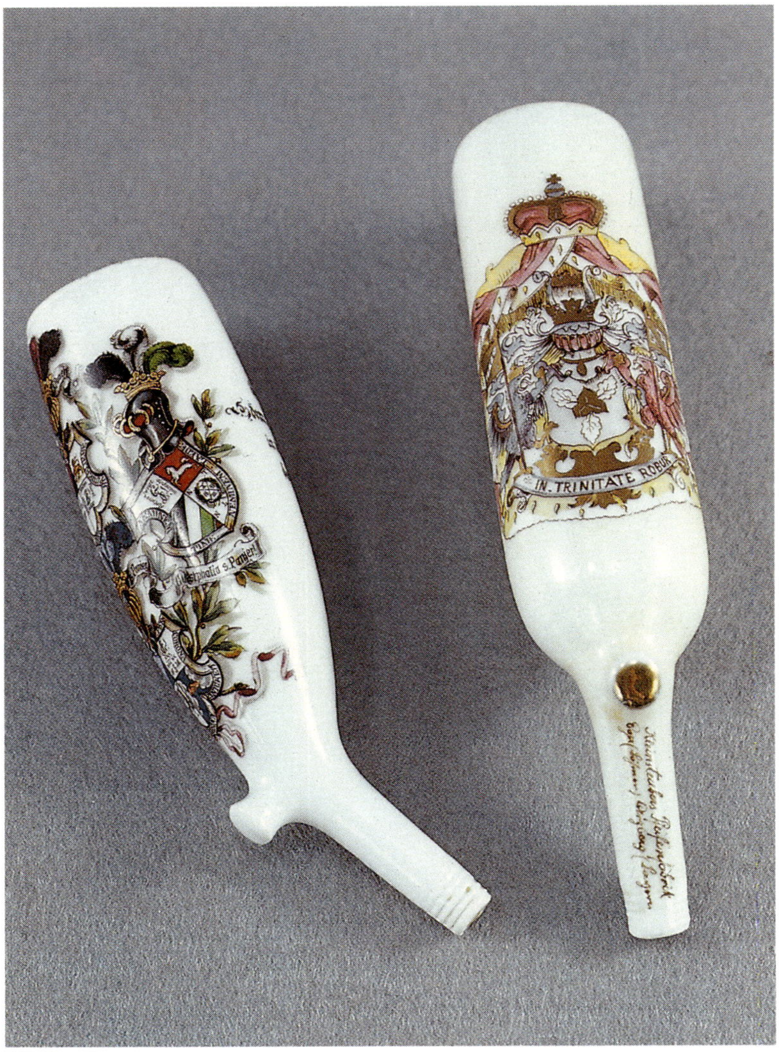

66 *Peifenköpfe mit Bismarcks Wappen*

67 *»Fürst Bismarck nach Tisch im Rauchzimmer«, Ausschnitt einer Ansichtspostkarte*

68 *Jardiniere*

69 Tafelaufsatz aus Glas (1,21 m hoch), Geschenk der böhmischen Glashütte Theresienthal

70 Bismarcks Pfeifenschrank, Geschenk des Landrats Dr. Federath aus Olsberg i. W., überreicht am 24. Februar 1896, steht heute im Forsthaus Friedrichsruh

71 Armlehnstuhl aus Eichenholz mit Lederpolsterung und Bismarcks Wappen, Ehrengabe der Stadt Rathenow (1895)

72 Stuhl im Barockstil um 1880, in der Lehne Bismarcks Wappen

73 Bismarcks Papierkorb

74 bis 76 Friedrichsruh, Bismarcks Wohnsitz, war ein beliebtes Postkartenmotiv. Zu haben waren vor allem Ansichten des Herrenhauses und vom Bahnhof.

77 Darstellung des düster-romantischen Sachsenwaldes um Friedrichsruh

78 und 79 Mehrfach kam Bismarck zu Kuraufenthalten nach Bad Kissingen, wo am 29. April 1877 Deutschlands erstes Bismarck-Denkmal enthüllt wurde.

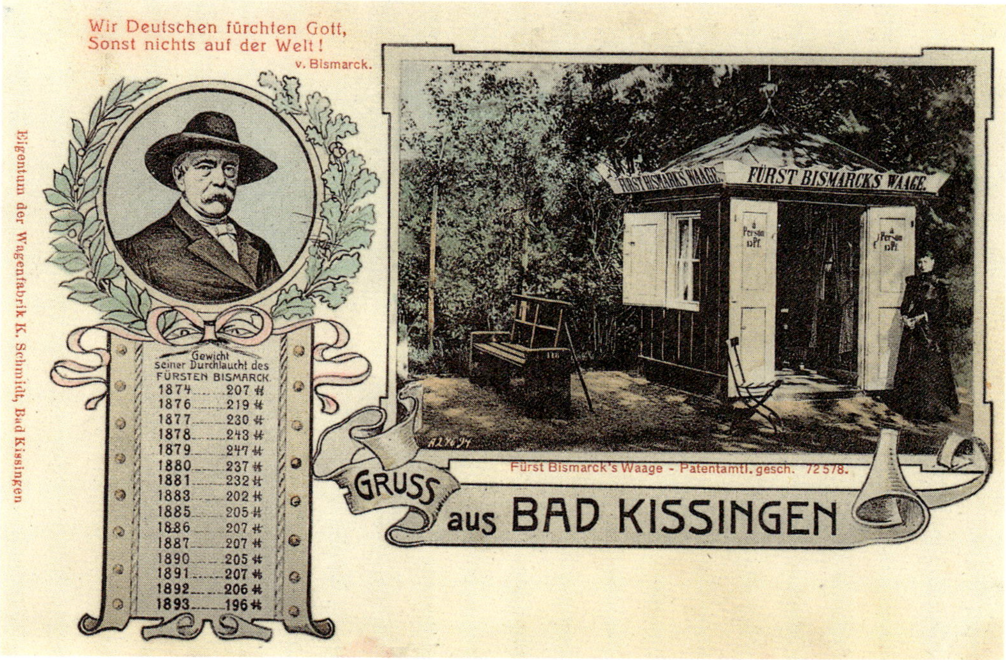

Folgende Seite:

80 »Bismarck und seine Umgebung an der Frühstückstafel«, Zeichnung von Emil Limmer
Die an der Tafel Sitzenden (von links nach rechts): Prof. Schweninger, Gräfin Rantzau, Fürst Bismarck, Dr. Chrysander, Graf Rantzau, Gräfl. Erzieher Lindow, Grafen Christian und Heinrich Rantzau

Nicht nur in dem kleinen Dorf Varzin gab es um die Jahrhundertwende einen Gasthof »Zum Alten Kurs«. Wirtshäuser mit diesem Namen fand man damals in vielen deutschen Ortschaften.

Am 22. März 1890, unmittelbar nach Bismarcks Sturz, hatte der junge Kaiser Wilhelm II. in einem Telegramm verkündet: »Der Kurs bleibt der alte«. Dann aber wurde – von der Presse so geprägt – die Ära nach Bismarck mit dem Begriff »Neuer Kurs« bezeichnet. Auf den Altkanzler eingeschworene Bismarckianer benutzten ihn in verächtlicher Abgrenzung vom »Alten Kurs«, die Anhänger Wilhelms II. verbanden damit die Hoffnung auf politischen Neubeginn. Den »Alten Kurs« personifizierten drei Persönlichkeiten: Generalfeldmarschall Graf Moltke, Kaiser Wilhelm I. und Fürst Bismarck als »Eiserner Kanzler«. Symbolhaft standen sie für »Blut«, »Glaube« und »Tatkraft« (Abb. 81). Verherrlichungsbilder *»Der Alte Kurs«* – wie im Schönhauser Bismarck-Museum ausgestellt (Abb. 84) – zierten als zu erwerbender Zimmerschmuck in vielen Variationen die Wohn- oder Arbeitszimmer deutscher Haushalte.

In Bismarck, Moltke und Wilhelm I. wurden die Begründer und Garanten einer Politik gesehen, die sowohl mit der Reichseinigung wie mit der Ausgestaltung des deutschen Nationalstaates in den ersten beiden Jahrzehnten seines Bestehens untrennbar verbunden waren.

Helmuth Graf von Moltke, geboren am 26. Oktober 1800 in Parchim, wo noch heute sein Denkmal steht[1], verkörperte als siegreicher Feldherr die militärische Stärke Deutschlands, ein wichtiges Unterpfand Bismarckscher Politik. Seit 1871 Generalfeldmarschall, war er bis 1888 Chef des Großen Generalstabs. Seine Wortkargheit trug ihm die Bezeichnung »der große Schweiger« ein.

Dem im Jahre 1797 geborenen »Heldenkaiser« Wilhelm I. wurde festes Gottvertrauen bescheinigt. Aber mit seiner Person verbanden viele Deutsche auch politische Stabilität und Kontinuität, und im Laufe der Jahre war ihnen der Kaiser als Staatsoberhaupt tatsächlich eine Art von Integrationsfigur geworden. Sein Tod im März 1888 erschien als das Ende eines ganzen Zeitalters.

Im Kult um den Reichsgründer Bismarck wurde gerade sein Verhältnis zu Kaiser Wilhelm I. verklärt, ja regelrecht auf den Kopf gestellt. Das angeblich so herzliche gegenseitige Einvernehmen zwischen dem Kanzler und seinem »alten Herrn« war infolge nervenaufreibender Auseinandersetzungen mehrfach zerrüttet. »Drei Kriege sind unter Bismarcks politischer Leitung von 1864 bis 1870 geführt worden, und keinen hat der spätere ›Heldenkaiser‹ politisch recht verstanden«, schreibt Ernst Engelberg in seiner Bismarck-Biografie. Auch in den Krieg mit Frankreich, von dessen Hintergründen Wilhelm nichts begriff, »ging er unwissend und daher mit dem ihm so nötigen guten Gewissen. Drei Kriege, drei Siege, dreimal gefeiert ein tumber Tor!«[2]

Der nüchtern und konsequent denkende Kanzler mußte auch später mehrfach hinter dem Rücken des Monarchen handeln oder den Widerstand des sentimentalen und moralisierenden Wilhelm in langwierigen Unterredungen, manchmal sogar unter Androhung des eigenen Rücktritts brechen.

[1] In seinem Roman »Das Impressum« (1972) beschreibt Hermann Kant, wie der sowjetische Stadtkommandant nach Kriegsende den Abbruch des Denkmals verhinderte.

[2] Ernst Engelberg, Bismarck. Urpreuße und Reichsgründer, Berlin 1985, S. 756ff.

Nach 1871 vertrat Bismarck konsequent den Grundsatz, das von ihm geschaffene Reich sei saturiert, es müsse jetzt darauf achten, Mißtrauen in seine Absichten »durch den ehrlichen und friedliebenden Gebrauch« der eigenen »Schwerkraft abzuschwächen«. Den Kanzler plagte der »Alpdruck« möglicher antideutscher Koalitionen.

Er vermied deshalb politische Schritte, die einen Krieg gegen Deutschland heraufbeschwören konnten und hielt konsequent am 1873 begründeten Dreikaiserbündnis zwischen Deutschland, Österreich-Ungarn und Rußland fest, das 1881 bekräftigt wurde. Alle drei Staaten verpflichteten sich zur Neutralität für den Fall, daß einer von ihnen mit einer vierten Großmacht in einen Krieg verwickelt wird. Sollte Deutschland mit Frankreich in Konflikt geraten, brauchte es eine Intervention Rußlands nicht zu befürchten. Im Mai 1882 wurde Bismarcks Koalitionssystem durch den Abschluß des Dreibundes zwischen Deutschland, Österreich-Ungarn und Italien ergänzt.

Deutschland und die k. u. k. Monarchie versicherten, Italien im Falle eines französischen Angriffs zu unterstützen, und Italien versprach dies wiederum Deutschland. Bei Aggressionskriegen einer Dreibundmacht gegen andere Staaten bestand die Verpflichtung zu wohlwollender Neutralität. Italien erhielt durch den Dreibundvertrag Rückendeckung für seine kolonialen Expansionspläne, und Bismarck war es gelungen, Frankreich weiter zu isolieren (Abb. 100).

Dreimal jedoch unterlag Bismarck der »Arroganz der Macht«: Die Annexion Elsaß-Lothringens machte eine Verständigung mit Frankreich unmöglich. Sein »Kulturkampf« gegen den Partikularismus von Zentrumspartei und Katholischer Kirche scheiterte, ebenso der Versuch, die deutsche Sozialdemokratie ab 1878 mittels Ausnahmegesetz gewaltsam niederzuwerfen.

Die »Kulturkampf«-Gesetzgebung der siebziger Jahre verbot den Jesuitenorden, führte die Zivilehe ein, erleichterte den Kirchenaustritt und band die Ausübung eines geistlichen Amtes an die deutsche Staatsangehörigkeit und an das Studium an einer deutschen Universität. Das am 13. Juli 1874 durch den katholischen Böttchergesellen Eduard Kullmann auf Bismarck in Bad Kissingen verübte Attentat wurde – obwohl es dafür keine Beweise gab – der »ultramontanen Bewegung« angelastet und bewirkte eine Verschärfung der Auseinandersetzungen. Darstellungen des Attentats fanden später auf Postkarten Verbreitung. Bismarck war von Kullmann an der Hand verwundet worden (Abb. 93).

Als Bismarck die Zentrumspartei schließlich zur Durchsetzung seiner Zollpolitik und als Partner gegen die Sozialdemokratie brauchte, wurde der »Kulturkampf« beendet und die mit ihm verbundene Gesetzgebung weitgehend zurückgenommen.

Des Kanzlers »Kulturkampf« nutzten antiklerikale Scharfmacher für Attacken gegen den späteren Reichskanzler Bernhard von Bülow, dem sie vorwarfen, das deutsche Volk mit der Aufhebung des Jesuitenverbots der Katholischen Kirche und ihren Pfaffen auszuliefern und etwas aufzugeben, »was Bismarcks kühner Geist geschaffen« (Abb. 94/95).

Anerkennung fand Bismarck immer wieder »als sorgender Vater für das Wohl des arbeitenden Volkes« (Abb. 96 und 97). Nach mehrjährigen Debatten hatte der Reichstag 1883 und 1884 einige Sozialgesetze verabschiedet, mit denen die Zeit der »milden Praxis« des Sozialistengesetzes begann. Dem Kranken- und dem Unfallversicherungsgesetz folgte im Mai 1889 der Versicherungsschutz für Alters- und Invalidenrentner. Zweifellos brachte Bismarcks Sozialpolitik den Arbeitern einige Erleichterungen, allerdings vorwiegend den erkrankten; Altersrenten bekamen erst die über Siebzigjährigen, vorausgesetzt sie hatten drei Jahrzehnte lang ihre Versicherungsbeiträge entrichtet. Aber erst die Existenz der Sozialdemokratie zwang den Kanzler zu diesen Maßnahmen. Er selbst erklärte im Reichstag: »Wenn es keine Sozialdemokratie gäbe, und wenn nicht eine Menge Leute sich vor ihr fürchteten, würden die gemäßigten Fortschritte, die wir überhaupt in der Sozialreform bisher gemacht haben, auch noch nicht existieren.«

Aus Sorge, mit England in außenpolitische Konflikte zu geraten, verhielt sich Bismarck gegenüber deutschen Kolonialeroberungen lange Zeit reserviert. Erst 1884/85 wurden Südwestafrika, Kamerun, Togo, Neuguinea und große Teile Ostafrikas als Kolonien »unter den Schutz des Reiches« gestellt.

Beim Festumzug zu Bismarcks 70. Geburtstag fiel eine von der Berliner Kunstakademie zu Ehren des Jubilars arrangierte Gruppe auf, die dessen neue Politik (Abb. 102) »versinnbildlichen« sollte: Ein zwölf Meter langes und vier Meter breites, von acht Schimmeln gezogenes Schiff trug die Germania, ihm folgten Eingeborene aus Kamerun, merkwürdigerweise auf Kamelen.[3]

[3] Anton von Werner, S. 423.

81 *Die den »Alten Kurs« personifizierenden drei Personen: Bismarck (rechts), Moltke (links) und Kaiser Wilhelm I.*

82 *Bismarck (rechts) und Wilhelm I.*

83 *Moltke (links), in der Mitte eine berittene Germania, deren Pferd von Kaiser Wilhelm I. geführt wird, rechts daneben Bismarck, im Hintergrund links eine Entwurfsdarstellung vom Leipziger Völkerschlachtdenkmal (fertiggestellt 1913), rechts davon das 1896 eingeweihte Kyffhäuserdenkmal*

84 Verherrlichungsbild »Der Alte Kurs«: Moltke, Wilhelm I., Bismarck

85 Petschaft Kaiser Wilhelms I., Geschenk Wilhelms II. zu Bismarcks 80. Geburtstag, persönlich überreicht am 26. März 1895

86 Unmittelbar hinter der Kopie des Niederwald-denkmals hängt das dreiteilige Bild »Der Alte Kurs«.

87 *Statuetten von Bismarck (links), Wilhelm I. und Moltke (rechts) aus bronziertem Zinkguß, Geschenke Kaiser Wilhelms I. – Die Darstellungen Bismarcks und Moltkes (beide 60 cm hoch) stammen von Fritz Schaper, der 1878 und 1881 für die Stadt Köln deren Denkmäler modellierte. Moltke hält eine Papierrolle mit der Aufschrift »Sedan« in der Hand. Die Statuette Wilhelms I. (50 cm hoch) entstand nach einem Entwurf von Albert Wolff.*

88 *Statuetten von Bismarck, Wilhelm I. und Moltke vor der Miniaturkopie des Niederwalddenkmals im Bismarck-Museum Schönhausen*

89 Miniaturnachbildung des Niederwalddenkmals aus Bronze, gegossen von Hermann Gladenbeck, 95 cm hoch, Geschenk Kaiser Wilhelms I.
Denkmal und Kopie wurden von Johannes Schilling modelliert. Das 1883 in dreihundert Meter Höhe über dem Rhein enthüllte »Nationaldenkmal« sollte an die »einmuethige siegreiche Erhebung des deutschen Volkes und an die Wiederaufrichtung des Deutschen Reiches 1870–71« erinnern. Die 10,5 Meter hohe Germania steht auf einem 25 Meter hohen, relief-geschmückten Sockel: Vater Rhein überreicht der Mosel das Wächterhorn, die Verse des Liedes von der Wacht am Rhein sind rundherum angeschrieben.

90 Bismarckstudie von Anton von Werner für das Gemälde »Der Berliner Kongreß« (1878)

91 »Special-Bismarck-Postkarte« von Marie Bertling

92 *Wandkalender für das Jahr 1894 mit Sprüchen und persönlichen Daten Bismarcks, hier: »Fürst Bismarck verläßt nach dem Mordversuch Kissingen. 12. 8. 1874«*

93 *Acht Jahre vor dem Böttchergesellen Eduard Kullmann, am 7. Mai 1866, hatte der Student Ferdinand Cohen-Blind in der Berliner Wilhelmstraße mit einem Revolver zweimal auf Bismarck geschossen, um – wie Stuttgarts »Beobachter« schrieb – »das Vaterland von einem Unhold (zu) befreien«. Die Kugeln waren jedoch, nachdem sie Paletot und Rock durchschlagen hatten, am seidenen Unterhemd abgeglitten. Beide Attentats-Revolver und das Hemd befinden sich heute im Bismarck-Museum Friedrichsruh.*

94 und 95 *Antiklerikale Propagandapostkarten*

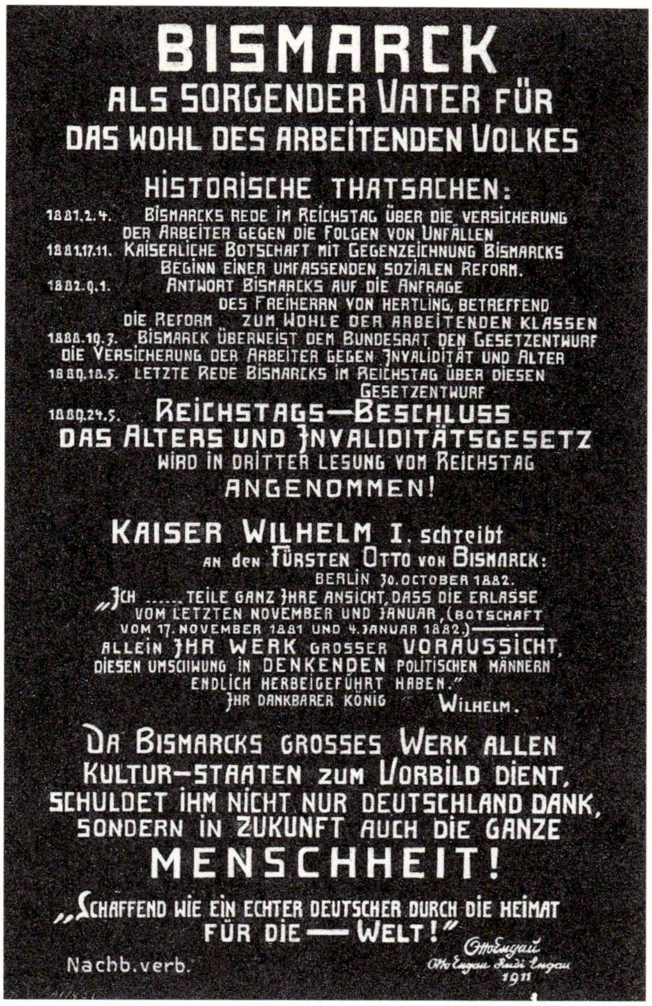

96 Postkarte von 1911, herausgegeben von Otto Engau, der in Laubegast bei Dresden mit Steinen aus Schönhausen, Friedrichsruh und Varzin einen Bismarck-Ehrengarten errichtete (vgl. Abb. 231)

97 Bismarcks Sozialgesetze von 1883/84 kennzeichneten die »milde Praxis« des Sozialistengesetzes. Als Kampfmittel gegen die deutsche Sozialdemokratie blieben sie wirkungslos.

98 Bismarck im Reichstag

99 Auszug aus dem Bericht der »Illustrirte(n) Zeitung« vom 16. März 1889 über den Reichstagsredner Bismarck

Eine Bewegung geht durch das Haus. In diesem Augenblicke wird es jedermann klar, daß der Mann da unten eine weltgeschichtliche Bedeutung hat, daß, wenn er das Wort ergreift, um in einer wichtigen Angelegenheit zu sprechen, in der That die ganze civilisirte Welt aufhorcht und seinen Worten lauscht wie einer Art Evangelium. Aber welche Enttäuschung wird jetzt dem Zuhörer! Er hört dort unten einen Mann mit zuweilen lauter, zumeist aber leiser Stimme in abgerissenen Sätzen, hastend, sich überstürzend und große Pausen machend, sprechen. Fürst Bismarck ist, was die Technik des Redens anbelangt, ein recht schlechter Redner. Es ist, als ob sich bei ihm die Worte, die er spricht, überstürzten, als ob er in gewissen Zwischenräumen mühsam nach dem Worte suchte, das er sagen will, und nachdem er mit einer Art überhastender Eile eine Zeit lang gesprochen, fast explosionsartig eine Reihe von Worten ausgestoßen hat, kommt wieder eine große Pause, in der sein Räuspern und Hüsteln und seine Gesticulationen beweisen, daß er in der That mühsam nach dem richtigen Worte sucht. Diese eigenthümliche Art des Redens stört ganz unglaublich und schwächt bei dem Laien, der nicht an diese Redeweise gewöhnt ist, die Wirkung vollständig ab. Fürst Bismarck's Reden muß man eben gedruckt lesen, man muß sie sich selbst mit der nöthigen Begeisterung vorlesen, um sie großartig und wunderbar zu finden. Wer ihn aber in Wirklichkeit reden gehört hat, der versteht kaum, wie dieser Mann es fertig bringt, in jeder Rede jene geflügelten Worte in die Welt hinauszuschleudern, welche sich jahrzehntelang im öffentlichen Leben und gewissermaßen in der Culturgeschichte erhalten haben.

100 Servierbrett, Geschenk Kaiser Wilhelms II. (1888) Vermutlich wurde es nach Angaben des Monarchen gestaltet. Das Brett besteht aus einer Majolikaplatte mit einfachem Nußbaumrahmen. Die Malerei bezieht sich auf das Zustandekommen des Dreibundes und würdigt Bismarcks Verdienste, der als Landsknecht bei den Wappenschildern Deutschlands, Österreichs und Italiens Wache hält. Sein Wappenspruch »In trinitate robur« lautet hier in beziehungsreicher Abänderung »in trinitate pax« (Frieden in der Dreieinigkeit).

101 Die meisten Exponate der »Afrikanischen Sammlung« waren Geschenke des deutschen Forschungsreisenden Eugen Wolf (1850 bis 1912).

102 Der Kanzler sah im Kolonialbesitz zwar ein »Hilfsmittel zur Entwicklung der deutschen Reederei, der deutschen Schifffahrt, des deutschen wirtschaftlichen Lebens«, tatsächlich aber wurden die eroberten Gebiete schonungslos ausgebeutet und durch Unterdrückungskriege ihrer Menschen beraubt.

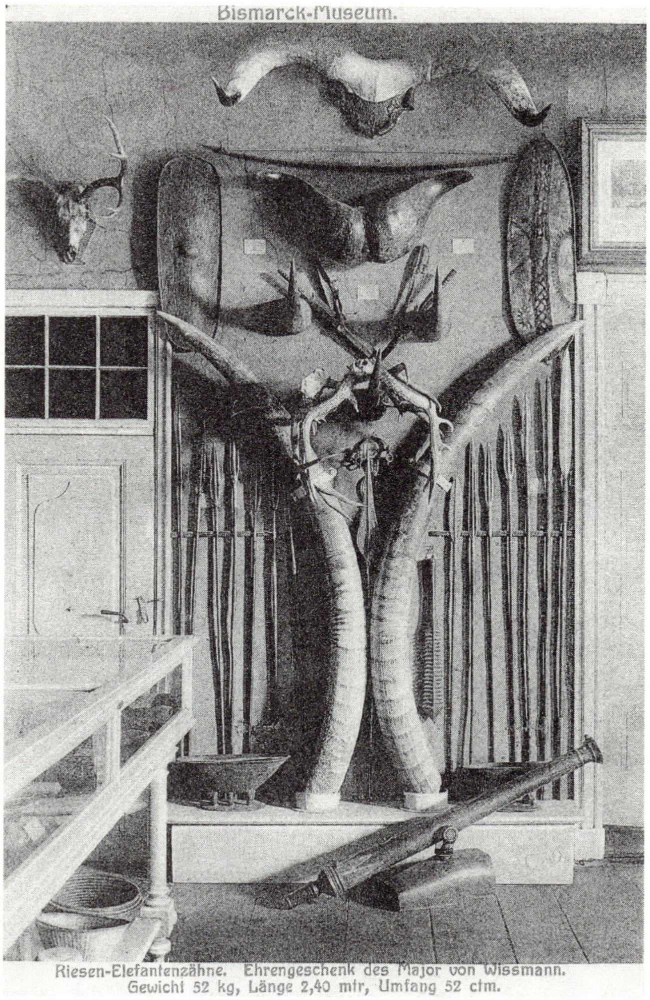

103 Hermann Wissmann (1853–1905) unternahm mehrere Forschungsreisen durch Afrika, wobei er 1880/82 und nochmals 1886/87 Mittelafrika von West nach Ost durchquerte. 1888/90 unterdrückte er im Auftrag der deutschen Regierung einen Araberaufstand in Deutsch-Ostafrika, wo er 1895/96 Gouverneur war.

104 bis 110 Geschenke von Forschungsreisenden und aus den damaligen deutschen Kolonien

104 Holzschale auf sechs Füßen aus Uganda (Zwischenseegebiet)

105 Messingfiguren (12 und 13 cm hoch) aus Westafrika (Dahome)

107 Tanzmaske aus Holz (35 cm hoch, 21 cm breit) · aus Kamerun (Grasland)

106 Frauenstatuette (Kupfer, gegossen, 14,5 cm hoch) aus Ghana

108 Schwarzer Holzkamm (23,5 cm lang, 9 cm breit) mit Leder-Etui aus Afrika (Suaheli)

109 Prunkschwert in Lederscheide mit Messingbeschlag (insgesamt 93 cm lang) aus Nordafrika

110 Verzierte Ledertasche mit roten Stoff-Flecken (30 cm lang) aus Nordnigeria (Hausa)

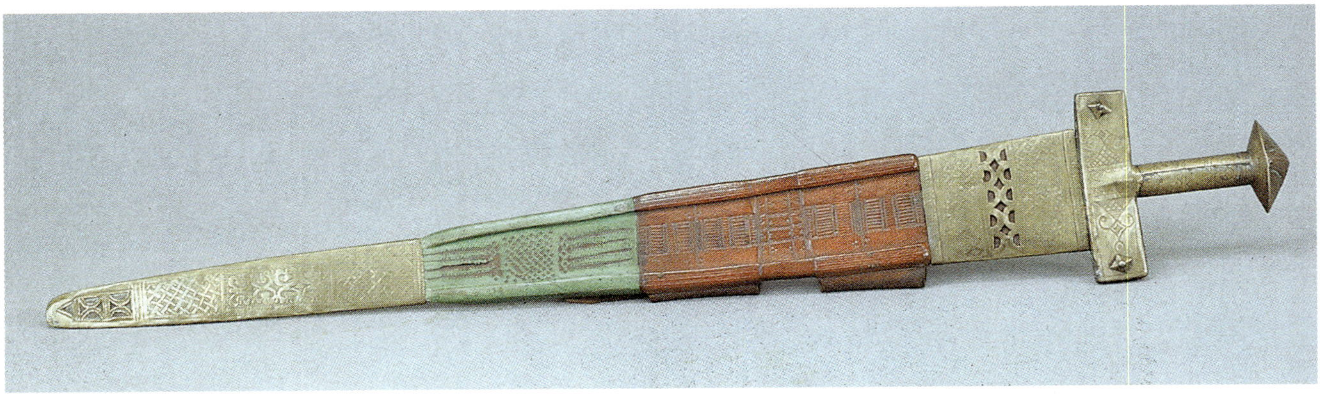

111 Gemälde Kaiser Wilhelms I.

112 Eiserner Zeitungsständer, Geschenk der Harzer Werke Blankenburg

113 Die verkupferte Reliefplatte zeigt Bismarck am Totenbett Wilhelms I. Die begleitende Widmung lautete:

»Nicht Gold, nicht Demant ist der Gruß,
Den Dir des Harzwalds Schachte senden,
Ein schlichtes Bild in Eisenguß
Aus schwielig harten Formerhänden.«

Der Vorabend von Bismarcks 70. Geburtstag brachte »dem größten Deutschen eine großartige Huldigung der Bevölkerung durch den schier endlosen Fackelzug, an dem wohl 10000 Menschen mit 8000 Fakkelträgern teilnahmen. Der Zug setzte sich zusammen aus den Studierenden der Berliner und den Delegierten der anderen deutschen Hochschulen, den Berliner Innungen, Wahl- und anderen politischen Vereinen und Korporationen ..., auch ein Marketenderwagen mit entsprechender Begleitung, als Erinnerung an 1870 fehlte nicht.« Anton von Werner, der diese Eindrücke aufschrieb, »hörte über die Klänge der begleitenden Musikkorps hinweg den tosenden Jubel der Menge und sah ihr Zusammenballen und Hüteschwenken vor dem Reichskanzlerpalais, wenn sich der Gefeierte zeigte oder zu der Volksmenge sprach«.[1]

[1] Anton von Werner, S. 423f.

Manche der vielen Glückwunschadressen würdigten zugleich auch das goldene Berufsjubiläum Bismarcks, der im Juni 1835 beim Berliner Stadtgericht als Auskultator und Protokollführer seine Arbeit im preußischen Staatsdienst aufgenommen hatte.

Die Universitäten Göttingen, Erlangen und Tübingen ernannten den Jubilar zum Ehrendoktor der Rechte bzw. der Staatswissenschaften. Bei der Übergabe der Erlanger Urkunde soll Bismarck verschmitzt darauf verwiesen haben, daß sich zumindest unter seinen Vorfahren mütterlicherseits einige Professoren befänden, deshalb könne er sich zu recht »eine Art Verkörperung von Junker und Professor nennen«.[2] Schon am 21. April 1867 hatte ihn die Philosophische Fakultät der Universität Halle mit der Würde eines Ehrendoktors der Philosophie ausgezeichnet. Im November 1888 wurde Bismarck Ehrendoktor der Theologie der Universität Gießen, und 1895/96 ernannten ihn die Universitäten Tübingen und Jena zum Ehrendoktor der Naturwissenschaft bzw. der Medizin.

[2] Zit. nach: Das Bismarck-Museum, S. 92.

Anton von Werner, der am 1. April 1885 am Gratulationsempfang im Reichskanzlerpalais teilnahm, »fand dort Hunderte oder gar Tausende von Gästen: Studenten und Minister, Abgeordnete und alle möglichen Deputationen, Diplomaten, Prinzen und Herren aus der Hofgesellschaft; ... es schien, als ob jedermann, dem es gerade eingefallen war zu kommen, ein erwarteter und willkommener Gast sei. Man trank, sang, rauchte, brachte Hochs aus, die Mitglieder der Bismarck'schen Familie immer unermüdlich unter ihren Gästen hin und her, der Fürst selbst an einem Tische sitzend, dicht umdrängt von einer Schar glückseliger Gesichter ... Im großen Festsaal war ein riesiges Buffet hergerichtet, Fässer Bier – Geschenke aus Bayern zum heutigen Tage – waren aufgelegt und von 11 bis 4 Uhr tummelten sich Tausende in den Räumen des Hauses, während in einem der Vorsäle verschiedene Militärmusikkorps abwechselnd ihre Weisen erschallen ließen. Zahllose Geschenke verschiedenster Art, von den allernaivsten bis zu den kostbarsten, seltensten und seltsamsten füllten den großen Speisesaal und das anstoßende Gewächshaus.«

Nicht nur zu den Geburtstagen sind Bismarck aus der Bevölkerung immer wieder Präsente zugegangen (z. B. Abb. 123–125 und 132).

Ehrengaben und Glückwunschadressen erreichten ihn auch aus dem Ausland, zumeist von dort lebenden Deutschen (Abb. 129–131 und 134).

Erstaunt registrierte Eugen Wolf im Dezember 1888 die in Friedrichsruh täglich aus der ganzen Welt eintreffenden Aufmerksamkeiten: »Stickereien, Malereien, Teppiche, Schals, Kissen, Bilder, Früchte, Konserven, Würste, Schinken, Zigarren, Weine, Geflügel, Wildbret ...« Oft seien die Gaben »von rührenden Schreiben begleitet« gewesen. »Bis zum Hosenknopf herunter« habe alles den Weg nach Friedrichsruh gefunden, erzählte auch Rentmeister Julius Heiß, der die vielen Danksagungen ausfertigen mußte, denn Bismarck war, vor allem im vorgerückten Alter, »mit eigenhändigen Briefen und selbst mit seiner Unterschrift sehr sparsam«.[3]

Nahezu unübersehbar ist die Anzahl der Bismarck verliehenen Ehrenmitgliedschaften.[4] Das älteste Diplom, ausgefertigt vom »Bauern-Verein-Dragast«, datiert vom 7. August 1869. Besonders häufig ist der »Eiserne Kanzler« in dieser Weise von Krieger- und Schützenvereinen geehrt worden (Abb. 139). Anlaß dafür boten hauptsächlich die 1895/96 gefeierten Erinnerungstage an die siegreichen Schlachten von 1870/71. Sogar die »Deutschen Kriegervereine« in Chicago und Denver ernannten Bismarck zu ihrem Ehrenmitglied. Aber am 11. März 1895 wurde dem Altkanzler z. B. auch die Ehrenmitgliedschaft in der »Preußischen Akademie gemeinnütziger Wissenschaften zu Erfurt« angetragen (Abb. 142).

Die Palette dieser Art und Weise von Danksagung an den Reichsgründer war freilich viel reichhaltiger und – zumindest für den heutigen Betrachter – bisweilen ausgesprochen heiter. So ernannten ihn beispielsweise der »Gartenbau-Verein für Hamburg und Umgebung« (1878), die Berliner »Schneider-Innung« und der Dortmunder »Verein für bergbauliche Interessen« (Abb. 145) zum Ehrenmitglied. Die Berliner »Schlächter-Innung« stellte ihm 1895 sogar einen »Ehren-Meister-Brief« aus.

Acht Städte, darunter Saarbrücken, Blankenburg (Harz) und Reichenhall in Bayern (Abb. 114) machten den Kanzler anläßlich seines 70. Geburtstages zum Ehrenbürger, der zwar schon 1876 bemerkte: »Ich besitze in Varzin einen mächtigen Schrank, der ganz mit Ehrenbürgerbriefen ausgefüllt ist ...«[5], doch erst jetzt begann damit die eigentliche Hochkonjunktur.

Als erste Städte hatten ihm Barby (Elbe) am 29. Dezember 1867 und Bütow in Pommern am 24. Juli 1868 das Ehrenbürgerrecht verliehen; viele andere folgten. Stendal ernannte Bismarck im Februar 1872 »in Anerkennung seiner großen Verdienste und in dankbarer Erinnerung an seiner Vorfahren, unserer früheren Mitbürger, Tugenden und Thaten« zum Ehrenbürger. Emden kürte ihn dazu am 23. September 1887 anläßlich seines 25jährigen Ministerjubiläums, und Striegau vollzog als letzte Stadt diese Würdigung am 22. März 1897 zum 100. Geburtstag Kaiser Wilhelms I.

Meist erfolgten die Verleihungen zu Bismarcks Geburtstagen oder am Sedantag. Im Frühjahr 1895, anläßlich des 80. Geburtstages, waren es über vierhundert, wobei freilich »in vielen Fällen behördlicher Druck oder die beharrliche Initiative einzelner Personen« dazu beitrugen.[6] Eindeutig dominierten die rheinischen, sächsischen und thüringischen

[3] Julius Heiß, S. 45 f.

[4] Das Bismarck-Museum, S. 180 f.

[5] Zit. nach: ebenda, S. 126.

[6] Für das Folgende: Manfred Hank, Kanzler ohne Amt. Fürst Bismarck nach seiner Entlassung 1890–1898, München 1982, S. 414 f.

Städte; aus diesen Gebieten kamen auch mehrere Sammelehrenbürgerbriefe. Mancherorts scheiterte die beabsichtigte Verleihung am Widerstand klerikaler oder sozialdemokratischer Mehrheiten. Auffallend ist, daß »so klangvolle Namen wie Danzig, Graudenz, Posen, Stettin, Kiel, Aachen, Gelsenkirchen und Wiesbaden, schließlich Würzburg, Bamberg, Mainz und Frankfurt« in der langen Liste fehlen, aber vor allem und viel mehr, daß Ost- und Westpreußen, Pommern, Posen und Schlesien »zusammen nicht mehr Ehrenbürgerschaften stellten als das kleine Sachsen-Weimar«.

Die Stadt Lippehne verlieh dem Kanzler am 12. Juli 1886 das Ehrenbürgerrecht.[7] Dort hatte der siebenundzwanzigjährige Leutnant Otto von Bismarck am 24. Juni 1842 seinen Pferdeknecht Hildebrand vorm Ertrinken im Wendelsee gerettet. Damals erhielt der junge Offizier mit der Rettungsmedaille seine erste Auszeichnung, auf die er zeitlebens besonders stolz war.

[7] Das Bismarck-Museum, Tafel 85 (Original vermißt), S. 120.

Otto von Bismarck ist auch mit zahlreichen Orden und Ehrenzeichen bedacht worden. Nur einige Beispiele seien genannt: Bismarck war Träger des Eisernen Kreuzes erster Klasse (24. 12. 1870); am Sedantag 1873, als die Siegessäule enthüllt wurde, verlieh ihm Wilhelm I. Kreuz und Stern der Großkomture des Hausordens von Hohenzollern in Brillanten; am 1. September 1884 folgte der Orden Pour le mérite mit Eichenlaub. Anläßlich seines 70. Geburtstages erhielt Bismarck den königlich sächsischen Hausorden der Rautenkrone mit Brillianten und vom Großherzog von Sachsen-Weimar die Brillianten zum Großkreuz des Hausordens vom weißen Falken. Mehrfach haben zudem ausländische Staatsoberhäupter den Kanzler ausgezeichnet. Verschiedene seiner Orden, darunter der ihm am 14. November 1864 verliehene Schwarze Adlerorden, sind heute im Bismarck-Museum zu Friedrichsruh ausgestellt.

114 Ehrenbürgerbrief der Stadt Reichenhall in Bayern (42 × 30 cm) mit schwarzer Lederkapsel, gestaltet von J. Weinköppel

115 Kapsel zum Ehrendoktor-Diplom der Universität Erlangen

116 Großer Glashumpen (65 cm hoch) mit Nuppen, Zinnfassung und dem »Widmungsspruch:

»Es sitzt ein Fürst im deutschen Reich,
Dem keiner kommt an Ehren gleich,
Und wem sein Glas ich füllen soll,
Der leer's auf dieses Fürsten Wohl.«

Darunter mit Emaillefarben aufgemalt das fürstliche Wappen: Den Schild halten zwei Adler, die Standarten von Elsaß und Lothringen tragen, rechts der schwarze preußische mit Königskrone und Hohenzollernwappen, links der rote brandenburgische mit Kurhut und goldenem Zepter im Brustschild. Das Wappen umschließt ein purpurfarbener, mit Hermelin gefütterter Mantel, darüber die Fürstenkrone.

deutschen Reich
an Ehren gleich
Glas ich füllen soll
dieses Fürsten Wohl
TRINITATE ROBUR

IN TRINITATE ROBUR

Seiner Durchlaucht dem Fürsten Otto von Bismarck

dem es gelungen, die Brücke über den Main zu schlagen, die Süd und Nord des deutschen Vaterlandes unlösbar jetzt verbindet,

Dem Manne, der durch weitsehenden Blick im Juli 1866 in höchster Gefahr die alte Mainstadt Schweinfurt vor unmittelbarer Kriegesnoth errettet, verleiht Schweinfurts dankbare Gemeindevertretung aus Anlaß seines achtzigsten Geburtstages das Ehrenbürgerrecht als höchste Ehrung, die eine Stadt zu bieten vermag. Hierüber Urkunde.

Schweinfurt, d. 28. März 1895.

Der Stadtmagistrat

Das Collegium der Gemeindebevollmächtigten

117 und 118   Ehrenbürgerbrief der Stadt Schweinfurt (45 × 35 cm), von Martin Fischer auf Pergament gemalt, mit weißledernem, goldgepreßtem Futteral

119 Glückwunschadresse der Unterbeamten der Eisenbahnverwaltung zum 70. Geburtstag und 50jährigen Dienstjubiläum

120 Monumentale Kassette für den Ehrenbürgerbrief der Stadt Augsburg von Friedrich Rösch, an den Seiten die den Originalen nachgebildeten symbolischen Figuren der Flüsse Wertach und Lech, dazwischen die Statuette des Kaisers Augustus und auf dem Sockel die reich verzierte, mit olivgrünem Samt bezogene Rolle für den Bürgerbrief.

Wir, Magistrat und Gemeindebevollmächtigte
der Stadt Augsburg, haben heute beschlossen:
Seiner Durchlaucht
dem Fürsten Otto Bismarck,
welcher Deutschlands Einigung klug vorbereitet,
muthig errungen, treu gehütet und vorsichtig befes-
tigt, die wirthschaftlichen Interessen des deutschen
Volkes richtig erkannt und erfolgreich vertreten,
dadurch die gedeihliche Entwicklung unserer Stadt gefördert und be-
gründeten Anspruch auf den Dank der Bürgerschaft von Augsburg
erworben hat, als ein Zeichen dieses Dankes das
Ehren-Bürger-Recht
in
Augsburg
zu verleihen, und wir beurkunden unseren Beschluß mit gegenwärtigem
Bürgerbriefe.
Augsburg am 1. April 1890.

Stadt-Magistrat		Gemeinde-Bevollmächtigte	
Erster Bürgermeister	Zweiter Bürgermeister	Vorstand	Schriftführer

121 *Ehrenbürgerbrief der Stadt Augsburg (37×54cm), am 8. Februar 1891 in Friedrichsruh überreicht*

122 Kelchglas mit Bismarckporträt

123 Deckelhumpen aus Holz

124 Geschenke als Exponate im Bismarck-Museum

125 Bierhumpen mit Zinndeckel (40,5 cm hoch) von Villeroy & Boch Mettlach. Das umlaufende Reliefbild zeigt Ansichten aus dem Odenwald, Geschenk der Brüder Feldheim aus Frankfurt (Main).

GERSPRENZ
ODENWALD
BEERFURTH

126 bis 128 Zierschrank, Geschenk der schlesischen Frauen zum 80. Geburtstag, von hundert Damen am 13. Mai 1895 in Friedrichsruh überreicht. Die beigefügte Glückwunschadresse trug 117000 Unterschriften.

Auf der nicht sichtbaren Innenklappe des Schreins ist Bismarck als Eiche dargestellt. Germania, auf den Rhein weisend, erzählt der Jugend von seinen Taten, und aus den Tälern des Riesengebirges naht der Zug der schlesischen Frauen, um ihm zu huldigen.

127 Silberne Aufsatzplatte des Zierschrankes
Über dem Bismarckporträt reichen sich Germania und Silesia (lat. für Schlesien) die Hand. In den oberen Ecken sind links der Frieden und rechts der Krieg symbolisiert. Von beiden Seiten nähern sich Frauen und Kinder mit Blumen und Lorbeerzweigen dem Jubilar. In der Mitte liest eine Mutter am Herdfeuer über Bismarcks Reichsgründung vor, darunter eine Abbildung des Rathauses von Breslau.

128 Das Unterteil des Zierschrankes

Seiner Durchlaucht
dem
Fürsten von Bismarck,
Herzog von Lauenburg,
zum 1. April 1895
die Angehörigen des Deutschen Reiches in
Triest.

129 Mappe zum Glückwunsch der Angehörigen des Deutschen Reiches in Triest (34 × 43 cm) aus weißem Leder mit flach aufgelegten, ziselierten Lorbeerranken und erhabenem goldenen Rand; über dem Reichsadler aus Emaille Bismarcks Wappen, unter ihm das Österreichs in Silber.

130 Titelblatt der Glückwunschadresse

131 Hirtenflasche, Geschenk der Siebenbürger Sachsen, Inschrift auf der Rückseite: »Dem großen Kanzler zum 1. April 1894«

132 Wandteller aus Holz (Brandmalerei), Geschenk der Luise Löwenheim aus Rosenheim

133 Gewebtes Bismarckporträt (25 × 34 cm), Geschenk der Webeschule Grünberg (Schlesien)

134 Russisches Schlittengespann (Troika) aus Silber (etwa 1 Meter lang, 50 cm hoch), Geschenk der Deutschen aus St. Petersburg

Dem Vater deutscher Größe u. Ehre
zum Wiegenfeste 1894.
In altgewohnter Anhänglichkeit und
Bewunderung!

Dein hoher Geist erstrahlt in allen Landen,
Fürst Bismarck, dem mein Sang so oft erklungen,
Der Du im Leben stets kühn gerungen
Für das, was Andre ängstlich vorempfunden.
Durch Dich ist neu der deutsche Geist erstanden,
Der Einheit Born ist deinem Thun entsprungen,
Kühn – trotz Verkennung – bist Du durchgedrungen,
Bis Lorbeerkränze deine Stirn umwanden.
Und wie Du wußtest, Stürme zu versöhnen,
Und wie Du heiltest Deutschlands Zwietrachtwunden,
Ja, wie Du Schützer wardst im Reich des Schönen:
So bleibst Du unsern Herzen liebverbunden,
So mög, geliebter Fürst, Dich Nachruhm krönen,
So mag mein Hymnus neuen Preis bekunden!
Stuttgart, Villa Kaiser, 31/3 94. Hofrath Dr. C. Beyer

137 *Bismarck 1894 mit einem Vers von Arthur Mennel:*

»Der in Noth uns und Gefahr
Thatenbringer, Führer war:
Bismarck – bleibt sich selber gleich
Allezeit und immer dar
Für den Kaiser, für das Reich!
Noch im Patriarchenalter
Deutschen Lebens Hort und Walter«

135 *Wo auch immer Bismarck auftauchte, meist wurden ihm spontane Huldigungen zuteil.*

136 *Geburtstagsgratulation von 1894*

Bismarck – bleibt sich selber gleich
Allzeit und immerdar
Für den Kaiser, für das Reich!
Noch im Patriarchenalter
Deutschen Lebens Hort und Walter.

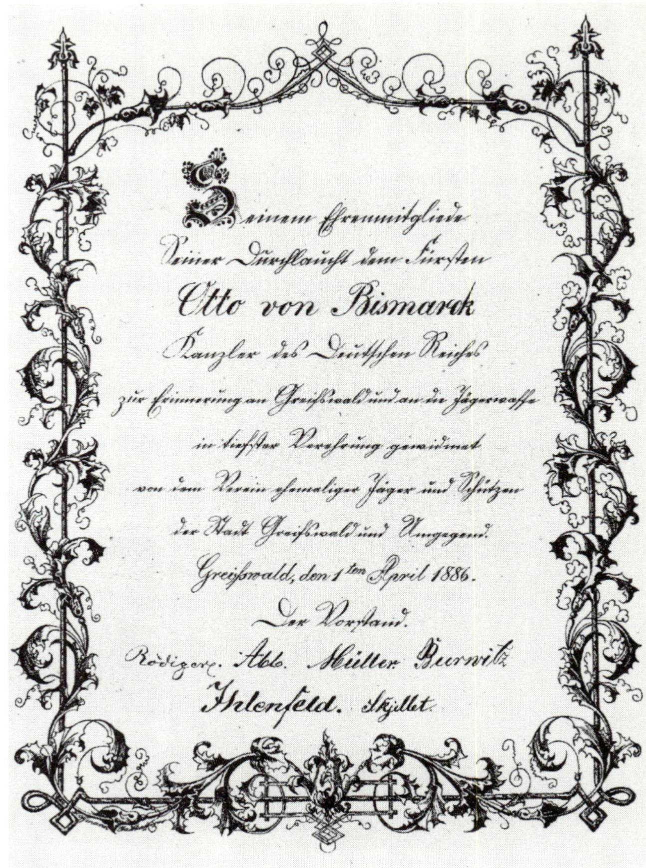

Seinem Ehrenmitgliede
Seiner Durchlaucht dem Fürsten
Otto von Bismarck
Kanzler des Deutschen Reichs
zur Erinnerung an Greifswald und an die Jägerwaffe
in tiefster Verehrung gewidmet
von dem Verein ehemaliger Jäger und Schützen
der Stadt Greifswald und Umgegend.
Greifswald, den 1ten April 1886.
Der Vorstand.
Rödiger. Abb. Müller. Beurnitz
Ihlenfeld. Schillert.

138 *Fotoalbum mit Ansichten von Greifswald, Geschenk des »Vereins ehemaliger Jäger und Schützen der Stadt Greifswald und Umgebung«*

139 *Widmungsblatt des Greifswalder Albums*

140 *Schreibpult, Geschenk der Deutschen in Buenos Aires zum 80. Geburtstag*

141 Glückwunschadresse zum Schreibpult der Deutschen in Buenos Aires

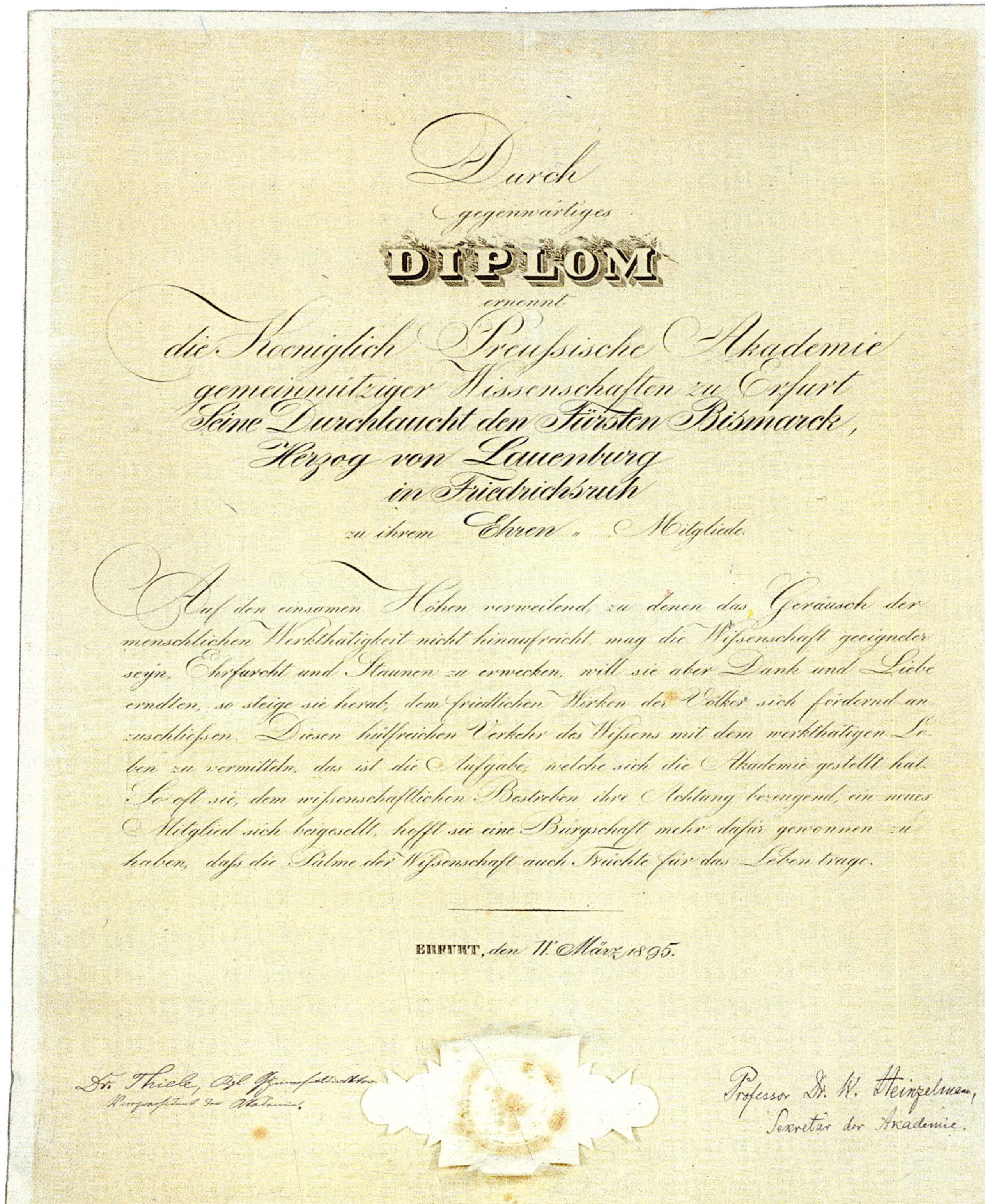

Durch gegenwärtiges

DIPLOM

ernennt

die Koeniglich Preussische Akademie gemeinnütziger Wissenschaften zu Erfurt

Seine Durchlaucht den Fürsten Bismarck, Herzog von Lauenburg in Friedrichsruh

zu ihrem Ehren - Mitgliede.

Auf den einsamen Höhen verweilend, zu denen das Geräusch der menschlichen Werkthätigkeit nicht hinaufreicht, mag die Wissenschaft geeigneter seyn, Ehrfurcht und Staunen zu erwecken, will sie aber Dank und Liebe erndten, so steige sie herab, dem friedlichen Wirken der Völker sich fördernd anzuschließen. Diesen hülfreichen Verkehr des Wissens mit dem werkthätigen Leben zu vermitteln, das ist die Aufgabe, welche sich die Akademie gestellt hat. So oft sie, dem wissenschaftlichen Bestreben ihre Achtung bezeugend, ein neues Mitglied sich beigesellt, hofft sie eine Bürgschaft mehr dafür gewonnen zu haben, daß die Palme der Wissenschaft auch Früchte für das Leben trage.

ERFURT, den 11. März 1895.

Dr. Thiele, [illegible]

Professor Dr. W. Heinzelmann, Secretär der Akademie.

142 Diplom über Bismarcks Ehrenmitgliedschaft in der Preußischen Akademie gemeinnütziger Wissenschaften

Übernächste Seite:

145 Statuette »Der Dank des Bergmanns« (64 cm hoch) Bismarcks Wappen umschlingt der ehrende Lorbeerkranz. Ein Zwerg meißelt den preußischen Adler aus dem Brustschild des Reichsadlers, dem zwei weitere Zwerge die Kaiserkrone aufsetzen. Die Figuren und Schilde sind aus Silber, der Fels besteht aus Kohle, der Adler aus Ebenholz.

143 Kaiser Wilhelm I. schenkte Bismarck zum 60. Geburtstag vier französische Geschützrohre (18. Jh.), die jahrzehntelang im Schönhauser Schloßpark standen und am 19. Juni 1950 ins Wernigeröder Feudalmuseum kamen. Als Beutegut aus dem Krieg von 1870/71 wurden sie nach 1945 vorübergehend von Frankreich reklamiert.

144 Bismarcks Kanonen auf der Freiterrasse des Wernigeröder Schlosses

SEINEM EHRENMITGLIEDE DEM
FUERSTEN BISMARCK
DER VEREIN FUER DIE
BERGBAULICHEN INTERESSEN
I OBERBERGAMTSBEZIRK DORTMUND.

Bismarcks »Reichshunde«

»Zunächst ließ der Fürst seinen großen schwarzen Hund Tyras, eine schöne, kräftige, aber ziemlich bösartig aussehende dänische Dogge, aus dem Nebenzimmer in den Sitzungssal«, berichtete Preußens späterer Kultusminister Robert Bosse über eine Beratung am 20. Oktober 1878 im Palais Radziwill, Bismarcks Berliner Dienstwohnung.[1] Daß mit Tyras tatsächlich nicht zu spaßen war, davon hatte sich wenige Monate zuvor schon der russische Staatskanzler Gortschakow überzeugen dürfen. Im lebhaften Gespräch mit Bismarck während des Berliner Kongresses mißdeutete der Hund eine heftige Bewegung des Gastes als Angriff auf seinen Herrn und setzte dem alten, gichtkranken Mann so lange zu, bis »Rußlands Gala-Hose« in die Binsen ging. Dies wiederum war für den »Kladderadatsch« Anlaß genug, auf seiner Titelseite »An den Reichshund« nachdrücklich zu appellieren:

»Ich kann das Beißen gar nicht leiden,
Das dir im wilden Blute steckt;
Und läßt es sich nicht ganz vermeiden,
so wähl' doch besser dein Object.« (Abb. 150)

Doch die Redakteure des »Humoristisch-satirischen Wochenblatts« richteten ihr mahnendes Gedicht nicht an den jungen und wilden Tyras, auf dessen Konto »manche zerissene Hose und sogar angebissene Beine« gingen[2], sondern an Bismarcks verstorbene Dogge Sultan. Die Nachricht vom Tod des ersten »Reichshundes« im Herbst 1877 war offenbar nicht bis in ihre Berliner Schreibstuben gelangt.

Sultan, ein Geschenk Graf Holnsteins aus München, hatte an der Seite seines Herrn die Gründung des Deutschen Reiches sozusagen hautnah miterlebt, und neben dem »Schmied des Reichs« war die Ulmer Dogge schließlich zum »Reichshund« aufgestiegen.

Bismarck nannte den abgöttisch geliebten Hund »Sultl«, um – wie er verschmitzt meinte – mit der Türkei nicht in Konflikt zu geraten. Sultan »kannte die Freunde des Fürsten, er witterte seine Feinde«. Bismarck lobte dessen »Menschenkenntnis« und behauptete, die riesige Dogge »verstehe mindestens 100 Wörter der deutschen Sprache«.[3] Sein plötzlicher Tod am 26. Oktober 1877 traf ihn schwer.

Obwohl eine Obduktion ergab, daß Sultan an einem Herzschlag gestorben war, quälte den Kanzler der Gedanke, »den Hund kurz vor seinem Tode noch gezüchtigt« und damit das Hinscheiden »des treuen Tieres verursacht« zu haben. Erst als ihm Graf Holnstein am 8. November »eine prächtige Ulmer Dogge« nach Varzin schickte, kam Bismarck langsam über den Verlust hinweg.[4] Aber in seinem Schlafzimmer hing zeitlebens das Bild des ersten »Reichshundes«, der im Varziner Park begraben wurde, und noch auf dem Sterbebett kreisten Bismarcks Gedanken um das geliebte Tier als er phantasierend fragte: »Ist es schon lange her, daß Sultl ... todt ist?«[5]

Der »Ersatz-Sultan« hieß Tyras. Ebenfalls zum »Reichshund« aufgestiegen, folgte 1879 eine weitere Beförderung. War bis dahin noch die Bezeichnung Ulmer oder Dänische Dogge gebräuchlich, wurde jetzt für den »majestätischen« Tyras und seine Standesgenossen der Name

[1] Robert Bosse, Erinnerungen. In: Die Grenzboten. Zeitschrift für Politik, Literatur und Kunst, Nr. 18 v. 5. 5. 1904, S. 284.

[2] P. Hahn, S. 39.

[3] Ebenda, S. 79 f.

[4] Christoph von Tiedemann, Sechs Jahre Chef der Reichskanzlei unter dem Fürsten Bismarck, Leipzig 1909, S. 205–212.

[5] Aufzeichnung Herbert von Bismarcks. In: Fürstlich von Bismarck'sches Archiv Friedrichsruh A/37.

»Deutsche Dogge« einheitlich festgelegt. 1888 schlossen sich die Besitzer dieser Hunde zum Deutschen Doggen-Club e.V. zusammen.

Über ein Jahrzehnt lang war der »Reichshund« Tyras Bismarcks ständiger Begleiter. Selten tauchte der Kanzler irgendwo ohne ihn auf, ganz gleich, ob er spazierenging, einen Empfang wahrnahm, Besuche machte oder entre nous politische Gespräche führte. Bismarck lobte das »vorzügliche Tier«, unter dessen Obhut er sich sicherer fühlte »als unter dem Schutze der ganzen Berliner Geheimpolizei«.[6]

Neben Tyras war zunächst noch Flora im Haus, die – von Bismarck zärtlich »Flörchen« genannt – schon zusammen mit Sultan für Nachwuchs gesorgt hatte. Bismarcks Liebling aber wurde später die schöne und verspielte graue Hündin Rebecca, die der Kanzler meist »Beckchen« rief und wie ein »verzogenes Mädchen« behandelte. Er lachte »über ihre Schlauheit, ihre Koketterie, ihren Mangel an Disziplin« und amüsierte sich im Gespräch mit der vertrauten Baronin Spitzemberg köstlich über diese ewig-weiblichen Eigenschaften.[7]

Eugen Wolf schickte Rebecca einmal zu ihren Namenstag am 31. August ein »Kollier von Knackwürsten«, womit er sicherlich nicht nur der Hündin eine Freude machte, denn dem Naturschwärmer Bismarck, der heiter hoffte, auch »im Himmel Hunden und Pferden zu begegnen«, wurde eine »fast sentimentale Tierliebe« nachgesagt.[8] Seine Hunde gehörten quasi zur Familie, und wenn zum Frühstück gebeten wurde, waren sie »als die ersten mit ihrem Herrn eingetreten«, erinnerte sich Arthur von Brauer. Penible Gäste ekelten sich, wenn die Tiere dann in unmittelbarer Tischnähe gefüttert wurden oder gar direkt aus Bismarcks Hand ihre Mahlzeit erhielten.

Als Eugen Wolf im Dezember 1888 Bismarck in Friedrichsruh besuchte, konnte Tyras die Männer nicht mehr auf ihren Spaziergängen begleiten, er war alt und grau geworden und harrte am Gartentor geduldig aus, bis sein Herr zurückkam. Der berühmte »Reichshund« starb am 19. Januar 1889. Die Nachricht über sein Hinscheiden kabelten die Telegraphen durch die ganze Welt.[9]

Kaiser Wilhelm II., der vom Tod des »Reichshundes« hörte, machte Bismarck bald darauf eine neue »Deutsche Dogge« zum Geburtstagsgeschenk.[10] Doch der mit dem Kauf beauftragte Minister verstand von Hunden wenig. Bismarck klagte: »Als das Vieh zu mir gebracht und mir vorgeführt wurde, vergoß mein Kammerdiener Pinnow Thränen der Rührung und wollte ihn gleich dem Samariterverein übergeben: auf einem klapperdürren Gestelle, aus dem die Rippen herausguckten, wie aus einem gestrandetem Schiff die Spanten, saß ein unförmlicher Kopf, wie das Skelett eines vorsintflutlichen Auerochsen, und auf dem wackligen Hintersteven saß eine blutige Rute, wie eine zerfetzte Flaggenstange.« Spöttisch fügte er hinzu, die arme Kreatur sei wohl ein »böses Omen für die Politik des neuen Kurses«. Als der Kaiser schließlich den Hund selbst in Augenschein nahm, rief auch Wilhelm ganz entsetzt aus: »Und dieses Vieh kostet mich 600 Mark!«

In heiterer Runde hat Bismarck erzählt, daß ihn die mit diesem Doggenverkauf werbende Hundezüchterei (Abb. 152) sogar um die Erlaubnis bat, sich den Titel »Fürstlich Bismarckscher Hoflieferant« beilegen

[6] Zit. nach: Bismarck. Selbstzeugnisse zu Bauerntum und Natur. Zusammengefaßt von Hermann Haß, Jena 1927, S. 80.

[7] Das Tagebuch der Baronin Spitzemberg, geb. Freiin v. Varnbüler. Aufzeichnungen aus der Hofgesellschaft des Hohenzollernreiches, ausgewählt und herausgegeben von Rudolf Vierhaus, Göttingen 1976, S. 156, 217, 239, 269.

[8] Ebenda, S. 239, 258.

[9] Eugen Wolf, S. 13, 102, 147 f., S. 205.

[10] Für das Folgende: Das Bismarck-Museum, S. 48 f.

zu dürfen, worauf er ihr angeblich eine Antwort erteilte, welche – so Bismarck – »sie sicher trotz ihrer Profitwuth niemals an einen Autographensammler« verkauft haben dürfte.

Doch der Kanzler behielt Tyras II., übergab den »wunderschönen Cyrus«, die selbst gezüchtete Nachfolger-Dogge, schweren Herzens dem Förster, weil – wie er klagte – »es dem Kaiser gefiel, mir einen anderen Hund zu schenken« und fand sich schließlich mit dem »abscheuliche[n] schwarze[n] Köter« ab.[11] Dann aber heimste gerade dieser ungeliebte dritte »Reichshund« Würdigungen ein, deren sich Sultan oder Tyras I. nie erfreuten. Als »treuer Gefährte« stand sein Bronzebild neben dem »Alten im Sachsenwald« ein halbes Jahrhundert lang auf dem Sockel des Leipziger Bismarck-Denkmals. Tyras II. fand in den unterschiedlichsten Formen als Souvenirartikel Verbreitung, und seine ausgefallenen Haare waren vielen Bismarck-Verehrern hochbegehrte Andenken.

Ende Dezember 1892 bat A. H. Heppner, der Sekretär des »Deutschen Doggen Clubs« in New York, Bismarck um ein Zertifikat für den »Great Dane Club of America«, worin er bestätigen sollte, daß die »Deutsche Dogge« seine »bevorzugte Rasse« wäre und daß des Reichskanzlers Hunde stets »ohne Falschheit«, »treu und unterthänig« gewesen seien. Heppner gab sich – wie er Bismarck wissen ließ – seit Jahren mit Erfolg »die größte Mühe«, den deutschen Reichs- und Nationalhund in Amerika populär zu machen. Ebenfalls aus den USA erreichte den Altkanzler im September 1893 die Anfrage von Mina Wakeman, ob sie ihre Doggen »like Prince Bismark's dogs«, wie Fürst Bismarcks Hunde, nennen dürfe.[12]

Tyras II., der letzte »Reichshund«, starb am 11. Mai 1896. Tags darauf schrieb Dr. Rudolf Chrysander, Arzt und Mitarbeiter Bismarcks, an Prof. Ernst Schweninger: »Das scheuliche Vieh von Tyras ist gestern verreckt. Dies ist die einzige gute Nachricht.«[13] Zum Tode Rebeccas, seines letzten Hundes, bemerkte der trauernde Bismarck im April 1897 resignierend: »Nun sind meine Hunde weg, nun komme ich an die Reihe.«

Von dem lebhaften Interesse der Bevölkerung an Bismarcks Doggen zeugen nicht zuletzt die ihnen immer wieder dargebrachten Geschenke. Verschiedene Präsente für den Kanzler sind mit ihren Darstellungen verziert (Abb. 154, 157–159).

Schließlich wurde die »Bismarckdogge« zu einer Art machtverkörperndem Statussymbol, deren Besitzer zumindest so am Nimbus des »großen Kanzlers« teilhaben wollten. Heinrich Mann hat dies im »Untertan« eindrucksvoll ins Bild gesetzt: Schon vor der gefährlich knurrenden Dogge Schnaps schrumpft Diederich Heßling zum unterwürfigen Nichts, noch ehe er überhaupt dem Regierungspräsidenten Wulckow seine Wünsche vortragen darf. Doch da bellt den Bittsteller nicht einfach eine Töle an, da vernimmt Heßling den »Reichshund«, da hört der Untertan die Stimme der Obrigkeit, die in Gestalt des majestätischen Hundes vor ihm steht.

[11] Arthur von Brauer, S. 273 f.; Das Tagebuch der Baronin Spitzemberg, S. 265.

[12] Fürstlich von Bismarck'sches Archiv Friedrichsruh A/43 (Kanzler – Diverse Zuschriften 1890–1894).

[13] Fürstlich von Bismarck'sches Archiv Friedrichsruh B/108

GARRADORI PISTOIA

147 Grußpostkarte mit dem Bismarck-Denkmal in Leipzig
In einem ersten Entwurf schon 1895 von Adolf Lehnert und Joseph Magr geschaffen und auf dem Augustusplatz (heute Karl-Marx-Platz) aufgestellt, wurde es später auch in Bronze gegossen und am 18. Oktober 1897 – dem Jahrestag der Völkerschlacht – am Eingang zum Johannapark enthüllt; noch vor Kriegsende 1945 begann seine Demontage.

148 Mit dem Motiv des Leipziger Bismarck-Denkmals wurden u. a. auch Souvenir-Taschenmesser verziert.

◁ *146 Bismarck und Tyras II., Geschenk des Bundes der Germanen in Wien (1895), Bronzestatuette, 25 cm hoch*

149 Der von seinen Doggen begleitete Spaziergänger Bismarck war ein beliebtes Postkartenmotiv.

Nr. 39. Berlin, den 25. August 1878. XXXI. Jahrgang.

Kladderadatsch.

Nuntius-Kalender.

Montag, den 26. August.

Fortzog Er, ach! zur Ache
Und zur Gasteiner Klamm.
Was wird nun aus der Sache
Ad papae gloriam?

Dienstag, den 27. August.

Wie wird in deutschen Landen
Noch enden die böse Geschicht'?
Wir haben uns zwar verstanden,
Doch uns verständigt nicht.

Mittwoch, den 28. August.

Wohl hat zu Ihm getrieben
Des Friedens Sehnsucht mich;
Wir grüßten uns, es blieben
Doch fremd die Herzen sich.

Nuntius-Kalender.

Donnerstag, den 29. August.

Gern hätt' ich die goldne Brücke
Zum Rückzug Ihm gebaut;
Er hat — o Schicksals Tücke! —
Dem Brückenjoch mißtraut.

Freitag, den 30. August.

Gern hätt' zum Herzen Leonis
Ich Ihn geführt die Bahn.
Die Weisheit Salomonis
Ihm kund- und aufgethan.

Sonnabend, den 31. August.

Er aber ließ sich nicht rühren
Durch meiner Worte Strom;
Nun tröst' ich mich: es führen
Doch alle Wege nach Rom.

Kladderadatsch.

Humoristisch-satirisches Wochenblatt.

An den Reichshund.

O edler Sultan, Hund der Hunde,
Von dem das Wochenblättlein spricht
Im kleinsten Nest der Erdenrunde,
O Sultan, du gefällst mir nicht!
Ich kann das Beißen gar nicht leiden,
Das dir im wilden Blute steckt;
Und läßt es sich nicht ganz vermeiden,
So wähl' doch besser dein Object.

Man weiß, wie beim Congreß dolose
Getrieben du dein schlimmes Spiel,
Und wie dir Rußlands Gala-Hose,
Die stattliche, zum Opfer fiel.
Vor Knickebeinen, die zum Gehen
Zu schwach sind, wichst du nicht zurück;
O Sultan, du mußt selbst gestehen,
Fürwahr, das war kein Heldenstück!

Dann hast mit frevelhaften Bissen
Der Herrin, die dir mild gebeut,
Du tückisch das Gewand zerrissen
Und zähnefletschend sie bedräut.

Die Dame, welcher du vor Allen
Ein Freund und Schützer solltest sein,
In blindem Wüthen anzufallen,
Das, Sultan, scheint mir recht gemein!

Als du den Herrn zur salz'gen Quelle
Begleitet an der Saale Strand,
Schritt täglich über seine Schwelle
Ein Mann in schwärzlichem Gewand.
Zur Tafel ward er mitgenommen;
Allein so oft dies auch geschah,
Nicht hat dein Herr ihn satt bekommen,
Stets war der Würd'ge wieder da.

Stets trat die prallste aller Waden
Im Seidenstrumpf zu dir herein;
Ach, diese Seidenstrümpfe laden
Zum Anbiß gar verlockend ein!
Doch nichts hört man von neuen Fehden,
Es sprach von dir nicht ein Bericht;
Du Krone aller Quadrupeden,
O Sultan, ich versteh' dich nicht!

Kladderadatsch.

150 *Titelblatt des »Kladderadatsch« vom 25. August 1878*

151 *Bismarck mit Tyras um 1890, Gemälde von F. Behrend*

152 *Anzeige in der »Illustrirten Zeitung« vom 30. März 1895*

153 Bismarck und Wilhelm II. in Friedrichsruh am 30. Oktober 1888

154 Geschenke im »Silberschrank« des Schönhauser Museums, darunter u. a.: Links vorn eine Statuette Ludwigs II. von Bayern, daneben die Siegesgöttin auf marmornem Sockel und ein Münzbecher; rechts und links der Vase goldene Taschenuhren, in der Mitte eine vergoldete Kanne mit Bismarcks Porträt als Kürassier und dem »Reichshund«.

155 Bismarck in Friedrichsruh am 4. Juni 1884

156 »Der alte Tyras«, so erinnerte sich Bismarck, »war sehr intelligent und treu. Wenn ich nach dem Reichstag ging, so nahm ich den Weg durch den Garten hinter dem Reichskanzlerpalais, öffnete hier die Pforte nach der Königsgrätzer Straße, drehte mich gegen Tyras um, der mich bis dahin vergnügt begleitet hatte, und sagte bloß: ›Reichstag!‹ Sofort ließ der Hund Kopf und Schwanz hängen und verzog sich niedergeschlagen. Einst hatte ich meinen Stock, den ich auf die Straße nicht mitnehmen konnte, da ich in Uniform ging, an die Innenmauer des Gartens gestellt, ehe ich durch die Pforte schritt. Nach vier Stunden kam ich aus dem Reichstag zurück. Tyras begrüßte mich nicht beim Eintritt ins Haus, wie sonst stets, und ich fragte daher den Schutzmann, wo der Hund sei. ›Der steht seit vier Stunden hinter der Gartenmauer und läßt niemand zu Euer Durchlaucht Stock‹, erwiderte der Wachposten.« (zitiert nach: Bismarck. Selbstzeugnisse zu Bauerntum und Natur, S. 81).

157 *Halsband für Tyras II. mit der Inschrift: »Meinem hohen Herrn werd's bekannt: Fortschrittlerfresser bin ich genannt! 24. 12. 1881«*

158 *Hundenapf, Geschenk von Miss Katharina J. Gordon*

159 *Geschenke als Exponate im Bismarck-Museum Schönhausen (s. Abb. 169 und 170)*

Der Alte aus dem Sachsenwald

Am 22. Februar 1890 schrieb Graf Otto zu Stolberg-Wernigerode aus Berlin dem Prinzen Heinrich VII. zu Reuß, damals deutscher Botschafter in Wien: »Was hier die nachstehenden Gemüther am meisten beschäftigt, ist das Verhältnis zwischen dem großen Mann und dem noch höheren.« Dieses habe sich »sehr verschärft«; jeder kleine Funke sei geeignet, »das ganze Pulverfaß zur Explosion zu bringen«.

Ähnlich empfand der Sozialist Friedrich Engels: »Jung-Wilhelm« würde »als gut kehrender Besen« bald mit Bismarck in Konflikt geraten, »der Glaube an die Stabilität der 1871 geschaffenen Neuordnung der Dinge« sei jetzt dahin.

Bereits im Januar 1890 hatte der Reichstag mit 169 gegen 98 Stimmen die Verlängerung des Sozialistengesetzes abgelehnt. Bei den Reichstagswahlen am 20. Februar 1890 erhielt die Sozialdemokratie fast 1,5 Millionen Stimmen und zog mit 35 Abgeordneten ins Parlament ein. Die Bismarcks Politik unterstützenden Parteien verloren ihre Reichstagsmehrheit.

Unter dem Eindruck eines großen Bergarbeiterstreiks vom Frühjahr 1889 versprach der junge Kaiser Wilhelm II. gewisse Arbeitsschutzmaßnahmen. Bismarck, den schon »der Verzicht auf dem Kampf gegen die Sozialdemokratie« mit »schweren Besorgnissen« erfüllte, lehnte auch diese Pläne rundweg ab und reichte schließlich – vom Monarchen mehrmals gedrängt – am 18. März sein Abschiedsgesuch ein, womit Wilhelm freie Bahn für die Errichtung seines »persönlichen Regiments« bekam. Zwei Tage später erfolgte in heuchlerisch-sentimentalem Ton die offizielle Mitteilung über den Rücktritt des »Eisernen Kanzlers«, der achtundzwanzig Jahre lang die Politik Preußens und fast zwei Jahrzehnte lang die des Deutschen Reiches maßgeblich gestaltet hatte. Die Entlassung erfolgte unter Verleihung des Titels eines Herzogs von Lauenburg, den Bismarck allerdings nie führte.

Nach einem Besuch in der Gruft Wilhelms I. und einer frostigen letzten Audienz beim Kaiser verließ er unter militärischen Ehren am 29. März die Reichshauptstadt. Als Bismarck »totenbleich« durch Berlin zum Lehrter Bahnhof fuhr, bereiteten ihm Tausende von Schaulustigen einen begeisterten Abschied. Die Menschenmenge warf sich »wie eine Sturmflut ... dem Wagen entgegen, ihn umringend, begleitend, aufhaltend, Hüte und Tücher schwenkend, rufend, weinend, Blumen werfend«. Die Räume des Bahnhofs »waren zum Erdrücken voll, die Fenster wurden ausgehoben, an den Säulen hingen die Menschen bis hoch oben, jubelnd ...; plötzlich fing einer an, die ›Wacht am Rhein‹ zu singen, und ›wie Donnerhall‹ pflanzte sich der Sang fort, bis draußen die Zehntausende entblößten Hauptes das alte Siegeslied sangen«, schrieb die Baronin Spitzemberg in ihr Tagebuch. Bismarck, »der Mann des Jahrhunderts«[1], empfand den Rummel als »Begräbnis erster Klasse« und zog sich verbittert in seinen Sachsenwald zurück.

Friedrichsruh aber wurde zum nationalen Wallfahrtsort, und Bismarck blieb – gleichsam als lebendes Denkmal – die »geheime Mittelpunktsfigur« des politischen Lebens in Deutschland.[2]

Die Reichsgründung von 1871 war sein Werk, er verkörperte es, und daß der Kaiser gerade diesen Mann »in Ungnade« entließ, hat die nun

[1] Hans Delbrück, Bismarcks Erbe, Berlin/Wien 1915, S. 138.

[2] Manfred Hank, S. 42–47, 407–416.

bisweilen demonstrative Züge annehmende Bismarck-Verehrung wohl eher gefördert. Der im Sachsenwald residierende »Alte«, der Mann mit dem großen Schlapphut, wurde zur Legende, und an seinem Wohl und Wehe nahm die Nation Anteil.

Bismarck war körperlich und geistig rege, und durch viel Bewegung hielt er sich fit. Noch als Achtzigjähriger nutzte er einen Turnapparat im Schlafzimmer, wo auch die Doggen ihr Nachtlager fanden, für tägliche gymnastische Übungen.

Gern lud er zum allwöchentlichen Bierabend am Freitag die verschiedensten Gäste ein, deren Zahl von Jahr zu Jahr wuchs. Für Politiker, Wissenschaftler, Schriftsteller und Künstler war es eine Ehre, von ihm empfangen zu werden. Damen durften ihrem Idol bisweilen die Pfeife anzünden oder gar anrauchen, und die Streichhölzer des »Gewaltigen« bewahrten sie auf zur Erinnerung.

Bücher, Gedichte, Kompositionen, sogar Predigten wurden Bismarck nach Friedrichsruh gesandt. Heinrich Schliemann berichtete ihm über seine Ausgrabungen und Bertha von Suttner schickte die Statuten ihrer Friedensgesellschaft.

In Friedrichsruh erschienen die Abordnungen studentischer Korporationen, des Zentralverbandes Deutscher Industrieller, aber auch von Schützengesellschaften, Gesang-, Sport- und Radfahrervereinen. Schon im Mai 1890 – nur zwei Monate nach der Entlassung – finden sich in Bismarcks Gästebuch 102 Eintragungen, wobei Familienfeiern nicht berücksichtigt sind.

Der Name »Friedrichsruh« zog die Menschen magnetisch an. Tagein, tagaus pilgerten sie scharenweise in den Sachsenwald. Ganze Schulklassen belagerten oft stundenlang das Parktor, »um Bismarck bei jedem Verlassen des Hauses mit Liedern, Tücherschwenken und Hochrufen begeistert zu begrüßen. Dabei kam es vor, daß man Rosen auf seinen Weg streute und die Erde, auf der er gestanden hatte, in Taschentücher sammelte.«

Im Gegensatz zu Bismarck fand seine Frau den Andrang so vieler Gäste und die zahlreichen Parkbelagerer »scheußlich«. Mit den Torstehern »nimmt's beängstigend zu«, klagte sie 1892. »Den ganzen Tag stehen sie am alten Thore und drücken sich die Nasen breit und wenn sie unser Liebes dennoch vergißt, so schicken sie ein ganz dummes Gedicht herein: sie müßten vor Sehnsucht sterben, wenn sie ihn nicht zu sehen bekämen.«[3]

Wo sich Bismarck zeigte, bereitete man ihm meist begeisterte Ovationen. Kaum ein Tag verging ohne Grußtelegramme, Briefe mit politischen Anliegen, Ergebenheits- oder Huldigungsadressen. Es schrieben ihm u. a. Vereine, Stammtische, Lesekränzchen, Schulklassen und Auslandsdeutsche. Waren es anläßlich seines 60. Geburtstages noch rund 650 Briefe und Telegramme, so wuchs die Zahl bis 1890 auf das Zehnfache an. Im Jahre 1892 erreichten ihn ca. 8000 Zuschriften, 1894 stieg deren Zahl auf rund 11000. Den Höhepunkt aber brachte Bismarcks 80. Geburtstag.

Zwischen dem 25. März und dem 2. April 1895 trafen in Friedrichsruh allein 9815 Depeschen ein. Das Personal der dortigen Telegraphensta-

[3] Johanna von Bismarck an ihren Sohn, Herbert, 10. 6. 1892. In: Fürstlich von Bismarck'sches Archiv C/11.

tion mußte um 28 Beamte verstärkt werden, und für die rund 70 Zeitungskorrespondenten aus aller Welt wurden mehrere zusätzliche Leitungen nach Hamburg und Berlin geschaltet.

Die Schaulustigen und Gratulanten kamen mit 35 Sonderzügen nach Friedrichsruh, wo fliegende Händler wie auf dem Jahrmarkt Bismarck-Andenken verschiedenster Art feilboten.

Allerorts in Deutschland waren vorgedruckte Gratulationskarten zu haben (Abb. 164 und 165). Ernst Steiger, deutscher Buchhändler in den USA, vertrieb zum Geburtstag eine »Weltpostkarte«, und allein die Bewohner des Städtchens Wapakoneta in Ohio schickten dem Jubilar davon fünfhundert Stück. Die aus Anlaß des 80. Geburtstages so überaus zahlreich verliehenen Ehrenbürgerschaften fanden bereits Erwähnung.

Dem Jubilar gratulierten viele ausländische Staatsoberhäupter. Kaiser Wilhelm II. erschien schon am 25./26. März zur Geburtstagsvorfeier in Friedrichsruh. Nach der Militärparade übergab er Bismarck einen »Ehrenpallasch«. Postkarten, die später anläßlich des 25jährigen Regierungsjubiläums Kaiser Wilhelms im Jahre 1913 verbreitet wurden, würdigten diesen Akt als »Versöhnung«. Eine dieser Karten (Abb. 186) trägt rückseitig den Vermerk: »Immer dankbar wird das deutsche Volk sein, daß sein Kaiser aus eigenem hochherzigen Antriebe den ersten Schritt zur völligen Aussöhnung mit dem verdienten Gründer des deutschen Reiches unternahm ...« Tatsächlich aber empfing Bismarck, im nassen Gras stehend, den Säbel aus der Hand des vor ihm hoch zu Roß im Küraß thronenden Wilhelms und erzählte tags darauf, er habe, während der Kaiser zu ihm sprach, »immer einen Regentropfen betrachten müssen, der langsam an dem Küraß herunterlief«. Bismarck war verstimmt, denn Wilhelm betonte in seiner Ansprache ausdrücklich, er wolle nicht den Staatsmann, sondern den Offizier ehren.

Der 1. April 1895 wurde als nationaler Feiertag begangen. In den meisten deutschen Staaten war an diesem Montag schulfrei. Für sämtliche Reichs- und Staatsgebäude hatte der Kaiser Beflaggung angeordnet.[4] 64 deutsche und 13 österreichische Städte würdigten das Jubiläum mit besonders festlichen Veranstaltungen. Auf dem Münchener Königsplatz sang im Rahmen der offiziellen Bismarckfeiern ein sechshundertköpfiger Kinderchor, und auf dem Kyffhäuser zelebrierten vier Ortschaften einen nächtlichen Kommers. Zeitgenössische Berichte sprechen davon, daß vor allem Berlin ganz »unter dem Zeichen Bismarck« gestanden habe; auf den Straßen sei es zugegangen »wie an Kaisers Geburtstag«. Viele Schaufenster schmückten Bismarcks Bilder, Bücher und Büsten, die es in allen Größen und Varianten zu kaufen gab (Abb. 177).[5] Am Geburtstag ehrten über viertausend Studenten »in vollem Wichs« den Jubilar. Sie überreichten ihm in Friedrichsruh einen Kredenztisch mit dreißig Biergläsern, über den sich Bismarck besonders freute (Abb. 179 und 180). Zwischen dem 25. März und Ende Juni suchten fünfzig Abordnungen von Vereinen, Städten und Landsmannschaften Friedrichsruh auf. Um persönlich zu gratulieren, waren u. a. auch die Bürgermeister der Hansestädte, verschiedene Militärdeputationen, Vertreter des preußischen Herrenhauses sowie die Rektoren sämtlicher deutscher Universitäten und Technischen Hochschulen nach

[4] Staatsarchiv Magdeburg, Rep. C20 Ib, Nr. 913.

[5] Das Tagebuch der Baronin Spitzemberg, S. 334 f.

Friedrichsruh gekommen. Eine Delegation des Deutschen Reichstages aber fehlte – am 23. März 1895 hatte das Parlament mit 163 gegen 146 Stimmen dem Altkanzler den offiziellen Glückwunsch verweigert.

Mit den vielen Gratulanten häuften sich die Geschenke. 3280 Pakete registrierte das Rentamt nur bis zum 27. März. Die meisten Präsente, darunter sehr wertvolle Stücke, wurden im Sommer auf einer Ausstellung in Berlin vorgeführt[6] und anschließend dem Schönhauser Museum übergeben. Der silberne Ehrenschild des Bundes der Landwirte kostete die Organisation 13000 Mark. Groschenweise war der Betrag von den Mitgliedern zusammengebracht worden (Abb. 173).

Verschiedentlich wurden anläßlich des 80. Geburtstages von staatlichen Behörden und politischen Institutionen Büsten des Altkanzlers feierlich aufgestellt. Das geschah z. B. im Plenarsaal des preußischen Herrenhauses, aber auch im Merseburger Ständehaus des Landtags der Provinz Sachsen, der den Berliner Bildhauer Richard Anders mit der Ausführung beauftragte und wissen ließ: »Gewünscht wird ein Gesicht in der vollen reifen Manneskraft – nicht Greis, nicht glatt – in Kürassieruniform ohne Helm. Im Zweifel zwischen Glätte und Runzeln lieber letztere und zwar aus dem Grunde, weil dem heutigen Geschlechte der Bismarck mit Runzeln näher liegt. Wollen Sie den Versuch machen, so müßte der Kopf allerdings richtig durchgearbeitet sein, er müßte Geist, Entschlossenheit, Hoheit zeigen.«[7]

So machte man sich 1895 ein Bild von dem Mann, der 1871 durch »Blut und Eisen« das Deutsche Reich schuf. Nach einigen Korrekturen gelang dem Künstler das gewünschte Werk. Des »Eisernen Kanzlers« Büste entsprach den Vorstellungen der Auftraggeber. Es entstand, wie es in einem Brief an Anders hieß, »die Idealgestalt, in der dem Volke der geschichtliche Bismarck vorschwebt«.[8]

[6] Katalog. Ausstellung der Ehrengeschenke zum 80. Geburtstage Sr. Durchlaucht des Fürsten v. Bismarck in Berlin, Berlin 1895 (Kopie im Fürstlich von Bismarck'schen Archiv Friedrichsruh). Ins Gästebuch der Ausstellung trugen sich 9542 Besucher ein (siehe: Das Goldene Buch. Eintragungen der Besucher der Ausstellung ..., ebenda).

[7] Staatsarchiv Magdeburg, Rep. C92, Nr. 613, Bl. 54.

[8] Ebenda, Bl. 63v.

160 Grußpostkarte aus Friedrichsruh im Sachsenwald

161 Bismarck und seine Frau im Gespräch mit Oskar von Arnim Kröchlendorff

162 Bismarck-Huldigung in Friedrichsruh

Illustrirte Zeitung.

Nr. 2700. 30. März 1895.

Bismarck-Nummer.

Leipzig
J. J. Weber.

Preis dieser Nummer 1 Mk. 50 Pf.

164 und 165 Vorgedruckte Gratulationskarten zu Bismarcks 80. Geburtstag

166 Postkartendarstellung einer Fotoaufnahme vom 7. Juli 1890 in Friedrichsruh. Tags darauf wurde Bismarck von Besuchern gesagt, »er müsse anordnen, alle letztjährigen Photographien zu vernichten, weil sie nicht ähnlich seien«. Bismarck soll lachend erwidert haben, »das mache die große Ruhe, welche er jetzt schon drei, sogar schon seit vier Monaten genieße. Er fühle sich auch, trotzdem er im sechsundsiebzigsten Jahre sei, recht wohl, müsse allerdings streng nach den Vorschriften seines Arztes leben ...« (zitiert nach: Bismarcks äußere Erscheinung in Wort und Bild. 90 Bismarckbildnisse nach den Original-Aufnahmen nebst Verzeichnis einer Sammlung von Bismarck-Photographien, hrsg. von Graf Yorck v. Wartenburg, Berlin 1900, S. 17 und Tafel 26).

163 Sonderausgabe zu Bismarcks 80. Geburtstag

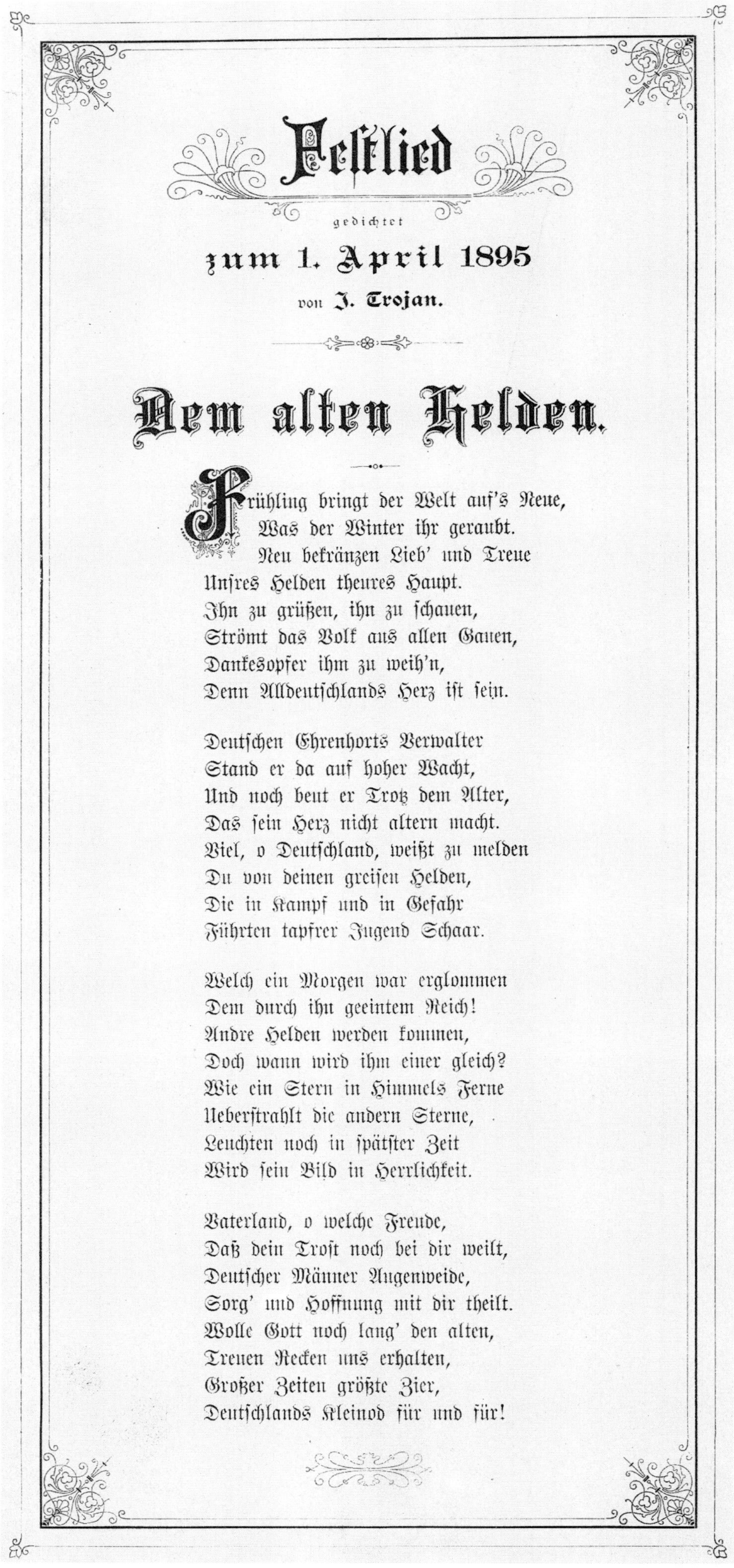

Festlied

gedichtet

zum 1. April 1895

von J. Trojan.

Dem alten Helden.

Frühling bringt der Welt auf's Neue,
Was der Winter ihr geraubt.
Neu bekränzen Lieb' und Treue
Unsres Helden theures Haupt.
Ihn zu grüßen, ihn zu schauen,
Strömt das Volk aus allen Gauen,
Dankesopfer ihm zu weih'n,
Denn Alldeutschlands Herz ist sein.

Deutschen Ehrenhorts Verwalter
Stand er da auf hoher Wacht,
Und noch beut er Trotz dem Alter,
Das sein Herz nicht altern macht.
Viel, o Deutschland, weißt zu melden
Du von deinen greisen Helden,
Die in Kampf und in Gefahr
Führten tapfrer Jugend Schaar.

Welch ein Morgen war erglommen
Dem durch ihn geeintem Reich!
Andre Helden werden kommen,
Doch wann wird ihm einer gleich?
Wie ein Stern in Himmels Ferne
Ueberstrahlt die andern Sterne,
Leuchten noch in spätster Zeit
Wird sein Bild in Herrlichkeit.

Vaterland, o welche Freude,
Daß dein Trost noch bei dir weilt,
Deutscher Männer Augenweide,
Sorg' und Hoffnung mit dir theilt.
Wolle Gott noch lang' den alten,
Treuen Recken uns erhalten,
Großer Zeiten größte Zier,
Deutschlands Kleinod für und für!

167 Festlied zu Bismarcks 80. Geburtstag von Johannes Trojan

168 Lebensgroße Gipsstatuette »Der kleine Gratulant«, Geschenk von Lilli Finzelberg aus Berlin

169 bis 171 Geschenke aus der Bevölkerung zum 80. Geburtstag

169 Tabaksbeutel

170 Igelmütze

171 Sofakissen

IN TRINITATE ROBUR

Sr. Durchlaucht

dem

Fürsten von Bismarck

dem verdienstvollen Mitbegründer des neu erstandenen Deutschen Reichs, dem unermüdlichen Kämpfer für deutsche Eintracht und Kraft, dem treuen Wächter für Deutschlands Ehre und Größe, dem herrlichen Horte der Liebe zu Kaiser und Vaterland, ihrem großen Ehrenbürger, bringt in Gemeinschaft mit dem dankbar und freudig bewegten deutschen Volke

die Stadt Chemnitz

zu Seinem achtzigsten Geburtstage ihre ehrfurchtsvollsten und innigsten Glückwünsche dar.

Des Himmels Gnade erhalte und behüte Eure Durchlaucht! Gottes reichster Segen verkläre mit freundlichstem Lichte Eurer Durchlaucht ferneren Lebensweg!

Chemnitz, den 1. April 1895.

Der Rath und die Stadtverordneten.

Oberbürgermeister. Stadtverordneten-Vorsteher.

172 Glückwunschadresse der Stadt Chemnitz zum 80. Geburtstag

*173 Silberner Ehrenschild, Geschenk des Bundes der Landwirte (1895)
Oben hält die Germania den Reichsschild, ihre linke Hand legt einen Lorbeerkranz um die Tafel mit den Daten »1. April 1815« und »1. April 1895«. Den Fuß des etwa einen Meter hohen Ehrenschilds füllt Bismarcks Wappen. In der Mitte geben sich ein Bauer und ein Junker die Hand (darüber der Satz »Das ganze Deutschland soll es sein«, daneben fünf Aussprüche Bismarcks, die sich vor allem auf die Landwirtschaft beziehen).*

*174 Silberne Münzkanne,
Geschenk Lübecker Bürger (1895)*

175 Gestickter Stellfächer mit zehn Bismarckporträts aus den Jahren 1826–1894, Geschenk zum 80. Geburtstag von Frida Schwab aus Frankfurt (Main), der Bismarck mit einem persönlichen Schreiben dankte

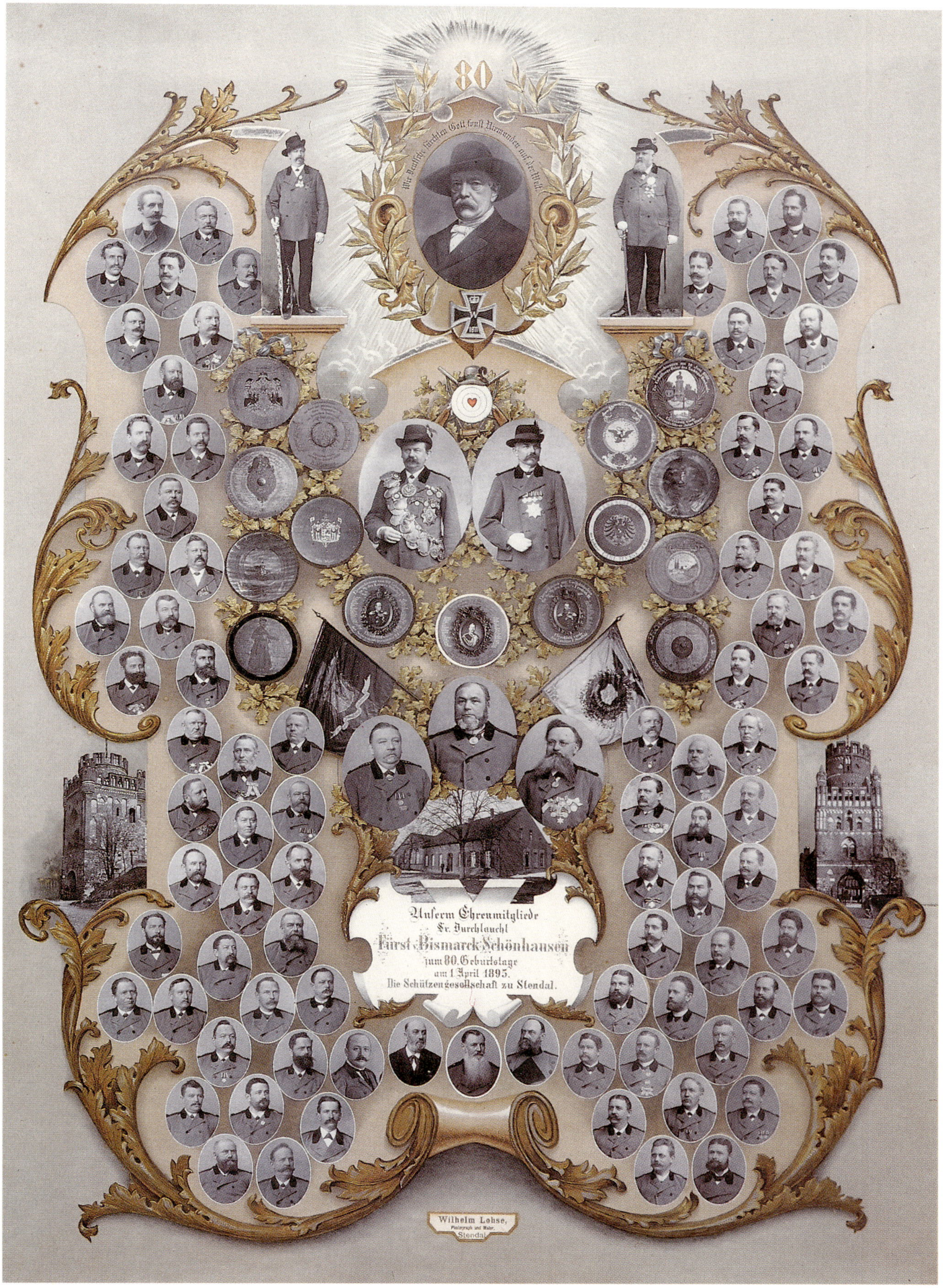

176 Dedikationsbild der Stendaler Schützengesellschaft, Geschenk zum 80. Geburtstag

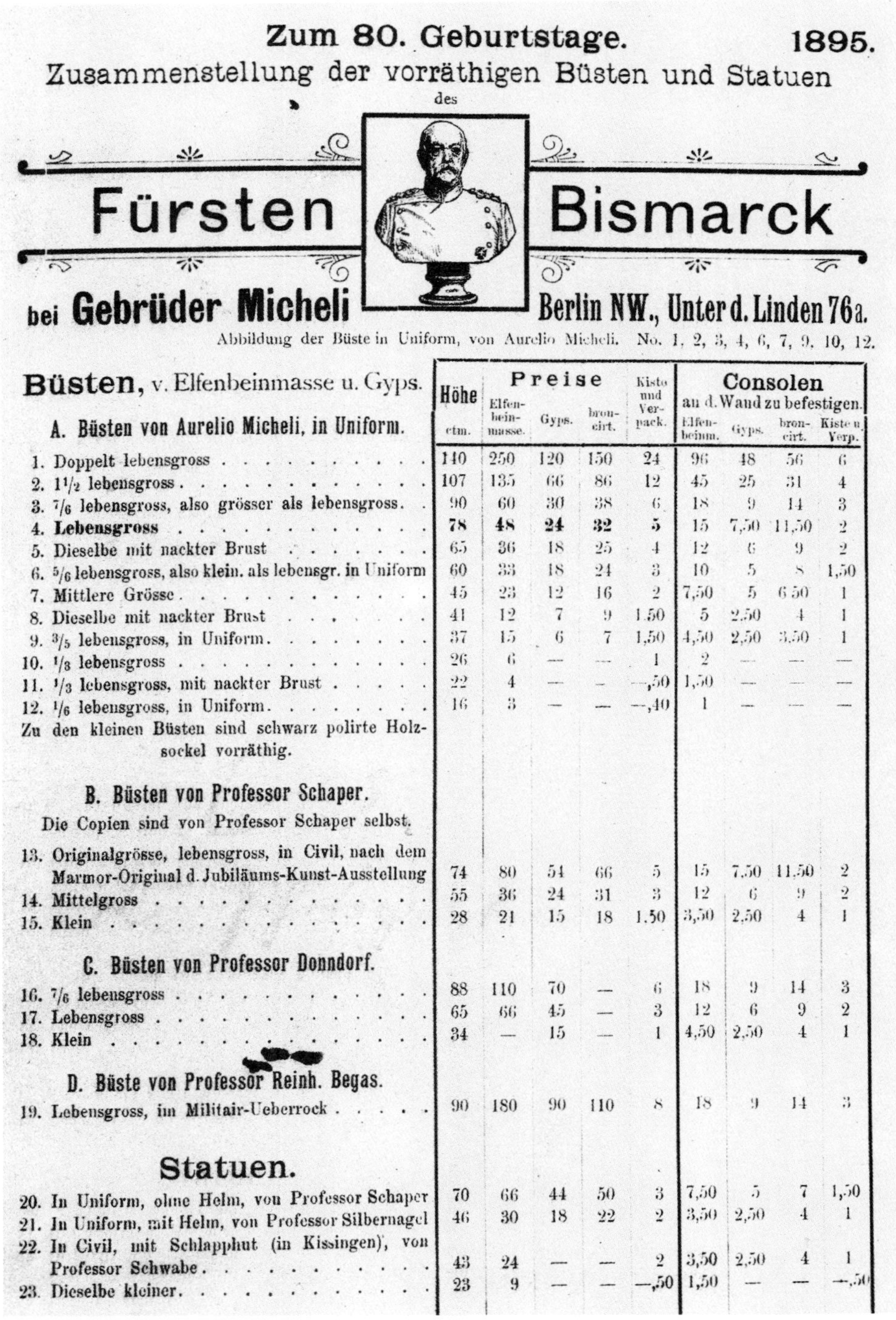

Zum 80. Geburtstage. 1895.

Zusammenstellung der vorräthigen Büsten und Statuen des

Fürsten Bismarck

bei Gebrüder Micheli **Berlin NW., Unter d. Linden 76a.**

Abbildung der Büste in Uniform, von Aurelio Micheli. No. 1, 2, 3, 4, 6, 7, 9, 10, 12.

Büsten, v. Elfenbeinmasse u. Gyps.

	Höhe	Preise				Consolen an d. Wand zu befestigen.			
	ctm.	Elfenbeinmasse.	Gyps.	broncirt.	Kiste und Verpack.	Elfenbeinm.	Gyps.	broncirt.	Kiste u. Verp.
A. Büsten von Aurelio Micheli, in Uniform.									
1. Doppelt lebensgross	140	250	120	150	24	96	48	56	6
2. $1^1/_2$ lebensgross	107	135	66	86	12	45	25	31	4
3. $^7/_6$ lebensgross, also grösser als lebensgross	90	60	30	38	6	18	9	14	3
4. **Lebensgross**	**78**	**48**	**24**	**32**	**5**	15	7,50	11,50	2
5. Dieselbe mit nackter Brust	65	36	18	25	4	12	6	9	2
6. $^5/_6$ lebensgross, also klein. als lebensgr. in Uniform	60	33	18	24	3	10	5	8	1,50
7. Mittlere Grösse	45	23	12	16	2	7,50	5	6,50	1
8. Dieselbe mit nackter Brust	41	12	7	9	1,50	5	2,50	4	1
9. $^3/_5$ lebensgross, in Uniform	37	15	6	7	1,50	4,50	2,50	3,50	1
10. $^1/_3$ lebensgross	26	6	—	—	1	2	—	—	—
11. $^1/_3$ lebensgross, mit nackter Brust	22	4	—	—	—,50	1,50	—	—	—
12. $^1/_6$ lebensgross, in Uniform	16	3	—	—	—,40	1	—	—	—
Zu den kleinen Büsten sind schwarz polirte Holzsockel vorräthig.									
B. Büsten von Professor Schaper. Die Copien sind von Professor Schaper selbst.									
13. Originalgrösse, lebensgross, in Civil, nach dem Marmor-Original d. Jubiläums-Kunst-Ausstellung	74	80	54	66	5	15	7,50	11,50	2
14. Mittelgross	55	36	24	31	3	12	6	9	2
15. Klein	28	21	15	18	1,50	3,50	2,50	4	1
C. Büsten von Professor Donndorf.									
16. $^7/_6$ lebensgross	88	110	70	—	6	18	9	14	3
17. Lebensgross	65	66	45	—	3	12	6	9	2
18. Klein	34	—	15	—	1	4,50	2,50	4	1
D. Büste von Professor Reinh. Begas.									
19. Lebensgross, im Militair-Ueberrock	90	180	90	110	8	18	9	14	3
Statuen.									
20. In Uniform, ohne Helm, von Professor Schaper	70	66	44	50	3	7,50	5	7	1,50
21. In Uniform, mit Helm, von Professor Silbernagel	46	30	18	22	2	3,50	2,50	4	1
22. In Civil, mit Schlapphut (in Kissingen), von Professor Schwabe	43	24	—	—	2	3,50	2,50	4	1
23. Dieselbe kleiner	23	9	—	—	—,50	1,50	—	—	—,50

177 In vielen Größen und Varianten konnte man Bismarck in Form von Büsten, Statuen und Medaillons von der Berliner Firma Micheli erwerben.

178 »Büsten-Saal« des Schönhauser Museums, rechts eine Bronze-Büste von Prof. Reinhold Begas (1886)

179 Kredenztisch mit Obelisk (insgesamt 3,75 m hoch), Geschenk der deutschen Studentenschaft zum 80. Geburtstag Die Mittelfüllungen des schrankartigen Unterbaus – darin versteckt ein Bierfaß – zeigen Episoden aus Bismarcks Studentenzeit. Auf der Tischplatte stehen dreißig Biergläser, bemalt mit den Wappen deutscher Universitäts- und Hochschulstädte (Abb. 180). Am Obelisk symbolisieren vier Frauenfiguren aus vergoldeter Bronze die Fakultäten Jurisprudenz, Philosophie, Medizin und Theologie. Darüber flankieren Corpsstudenten zwei Bismarckporträts. Ein silberner Adler drückt sich windende Schlangen nieder. Rechts hinter dem Kredenztisch stehen Bismarck-Büsten von Reinhard Möller (rechts, 1886), Julius Mantel (Mitte, Abb. 181) und Heinrich Manger (1876).

180 Bierglas mit dem Wappen der Stadt Göttingen

181 Bismarck-Büste von Julius Mantel (1867)

Sr. Durchlaucht

dem Fürsten Bismarck

zum 1. April 1895

in tiefster Verehrung

die öffentliche höhere Mädchenschule

zum Frauenschutz in Dresden.

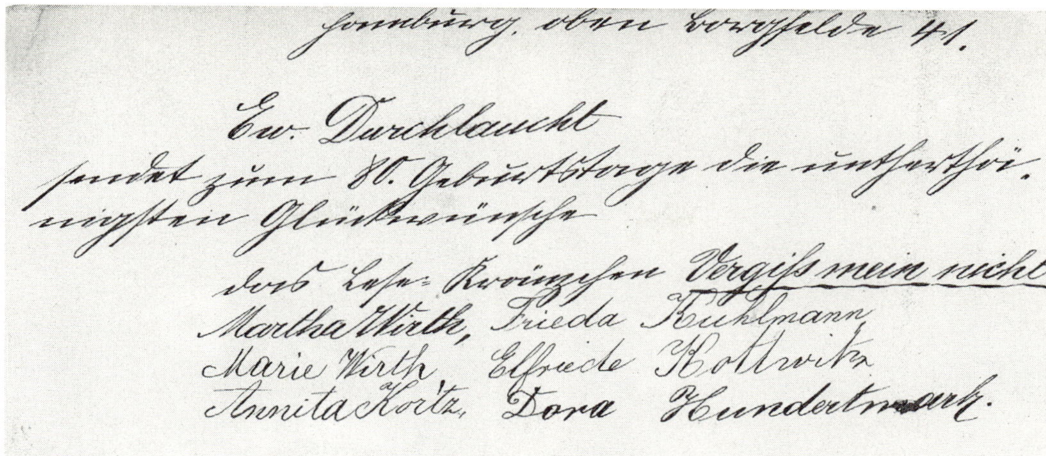
Hamburg, obere Borgfelde 41.

Ew. Durchlaucht
sendet zum 80. Geburtstage die unterthänigsten Glückwünsche
das Lese-Kränzchen Vergiß mein nicht.
Martha Wirth, Frieda Kuhlmann
Marie Wirth, Elfriede Kottwitz
Annita Koltz, Dora Hundertmark.

183 Glückwunschkarte des Lesekränzchens »Vergiß mein nicht« aus Hamburg

184 Geburtstagsgrüße von Erich und Erika Kolde aus Erlangen

185 Glückwunschkarte der Schülerinnen Minna Steckhahn und Else Ohland aus Fallingbostel

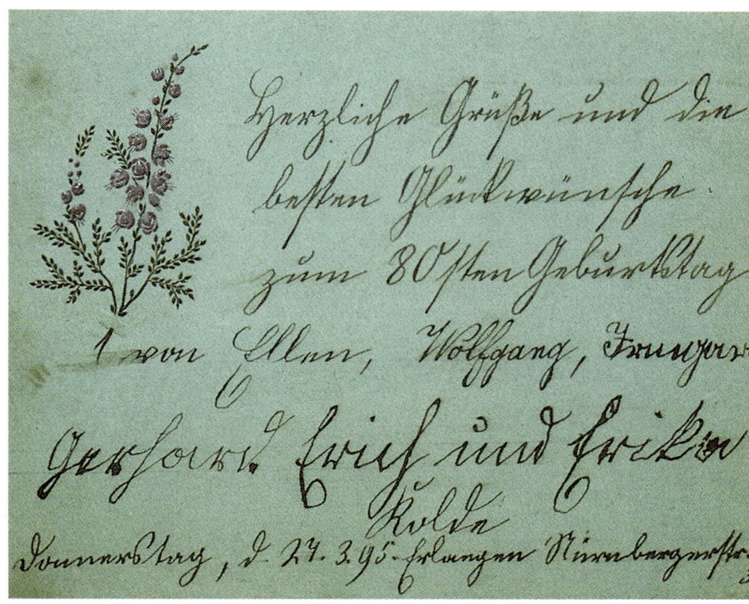
Herzliche Grüße und die besten Glückwünsche zum 80sten Geburtstag
von Ellen, Wolfgang, Irmgard,
Gerhard, Erich und Erika
Kolde
Donnerstag, d. 21.3.95. Erlangen Nürnbergerstr. 36

Sr. Durchlaucht
dem Fürsten
Herrn v. Bismarck
senden die herzlichsten
Glückwünsche zum 80.
Geburtstage
Fallingbostel
(Provinz Hannover.)
1. April 1895.
Minna Steckhahn
Else Ohland.
Schülerinnen.

182 Titelblatt der Glückwunschadresse der höheren Mädchenschule Dresdens

186 und 187 *Am 26. März 1895 – während der Vorfeier zu Bismarcks 80. Geburtstag in Friedrichsruh – schenkte Wilhelm II. dem Altkanzler einen von Prof. Emil Döpler entworfenen und mit Edelsteinen reich verzierten »Ehrenpallasch«, heute ausgestellt im Bismarck-Museum Friedrichsruh.*
Bei der feierlichen Übergabe sagte der Kaiser u. a.: »Ich konnte kein besseres Geschenk finden, als ein Schwert, diese vornehmste Waffe der Germanen, ein Symbol jenes Instruments, welche Eure Durchlaucht mit Meinem hochseligen Herrn Großvater haben schmieden, schärfen und auch führen helfen, das Symbol jener großen gewaltigen Bauzeit, deren Kitt Blut und Eisen war, dasjenige Mittel, welches nie versagt, und in der Hand von Königen und Fürsten, wenn es nothtut, auch nach innen dem Vaterlande den Zusammenhalt bewahren wird, der es einst nach außen hin zu Einigkeit geführt hat.«

188 Frauenstatuette aus Bronze (insgesamt 70 cm hoch) mit der Inschrift: »Allzeit Deutsch! Die Beamten des Kaiserlichen Postamtes zu Leipzig«. Die über der Erdkugel schwebende Gestalt symbolisiert den weltumspannenden Postverkehr, am 23. Mai 1895 zum 80. Geburtstag in Friedrichsruh überreicht.

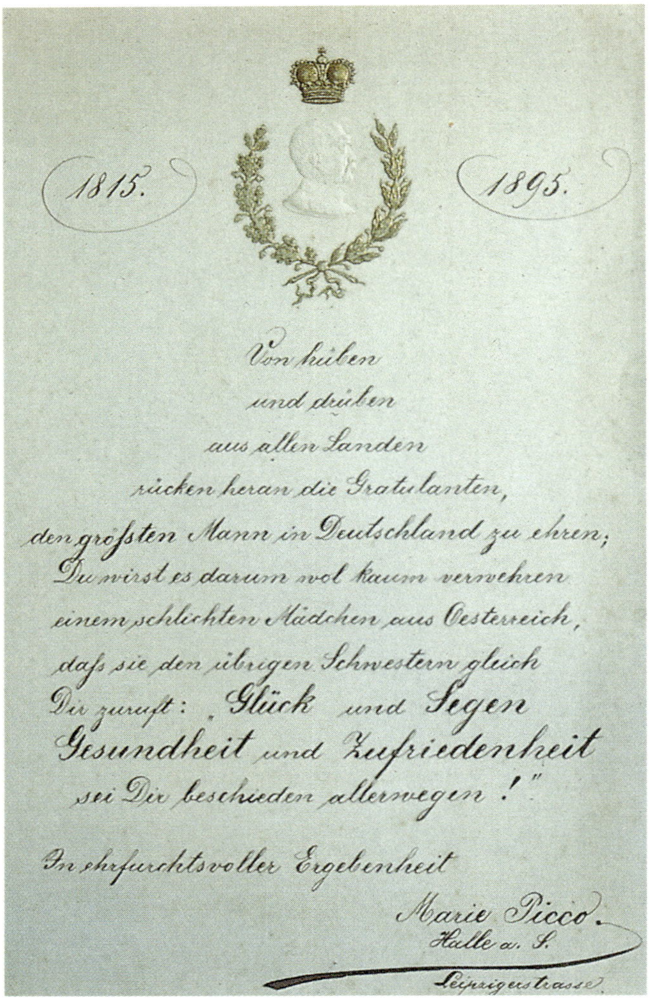
1815. 1895.

Von hüben
und drüben
aus allen Landen
rücken heran die Gratulanten,
den größten Mann in Deutschland zu ehren;
Du wirst es darum wol kaum verwehren
einem schlichten Mädchen aus Oesterreich,
daß sie den übrigen Schwestern gleich
Dir zuruft: „Glück und Segen
Gesundheit und Zufriedenheit
sei Dir beschieden allerwegen!"

In ehrfurchtsvoller Ergebenheit

Marie Picco.
Halle a. S.
Leipzigerstrasse

189 *Glückwunsch von Marie Picco aus Halle (Saale)*

190 *Auf Einladung der Stadt und der Universität kam Bismarck am 31. Juli 1892 nach Jena. Im Anschluß an einen humoristischen Frühstückstoast von Professor Heckel wurde der Altkanzler zum »Doktor der phylogenetischen Fakultät« ernannt. Die Enthüllung des Jenaer Bismarckbrunnens erfolgte zusammen mit der Verleihung des Ehrenbürgerrechts am 29. Juli 1894.*

191 *Grußpostkarte aus Friedrichsruh im Sachsenwald*

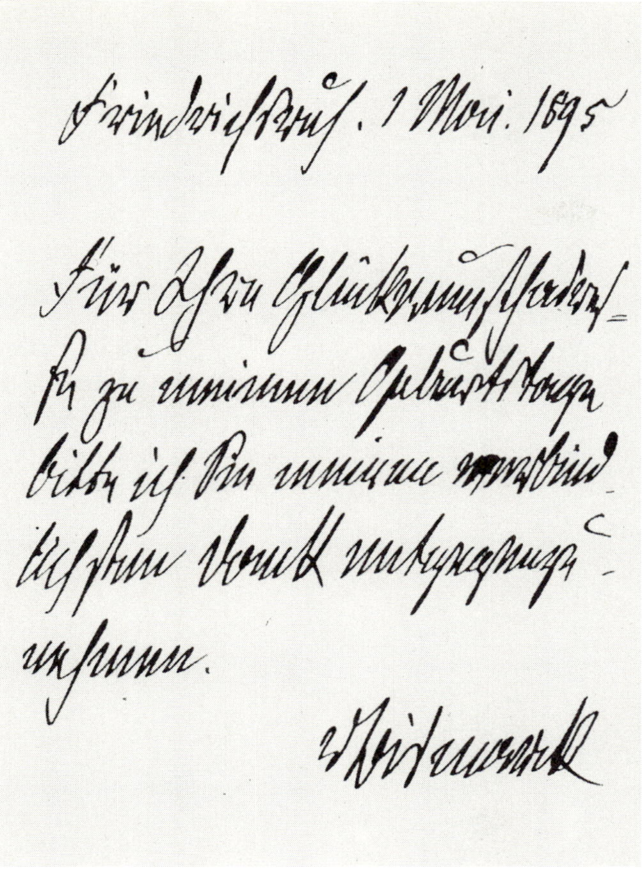

Friedrichsruh. 1 Mai. 1895

Für Ihr Glückwunschschreiben zu meinem Geburtstage bitte ich Sie meinen verbindlichsten Dank entgegenzunehmen.

v. Bismarck

192 Zahlreichen Gratulanten zu seinem 80. Geburtstag dankte Bismarck mit faksimilierten Schreiben.

193 Postkarte mit handgemaltem Bismarckporträt

194 »Ein Bismarckidyll in Kissingen« Platinotypie aus »Arthur Mennel's Bismarcksammlung«, August 1893

195 *Bismarck führt die Großherzogin von Mecklenburg-Schwerin Anastasia, Tochter des Großfürsten von Rußland, Michael Nikolajewitsch, am Arm, die ihm am 11. Juni in Friedrichsruh zusammen mit ihrem Mann, dem Großherzog Friedrich Franz III., einen nachträglichen Glückwunsch zum 80. Geburtstag überbringt. Links im Hintergrund Christian und Heinrich Rantzau, Bismarcks Enkel.*

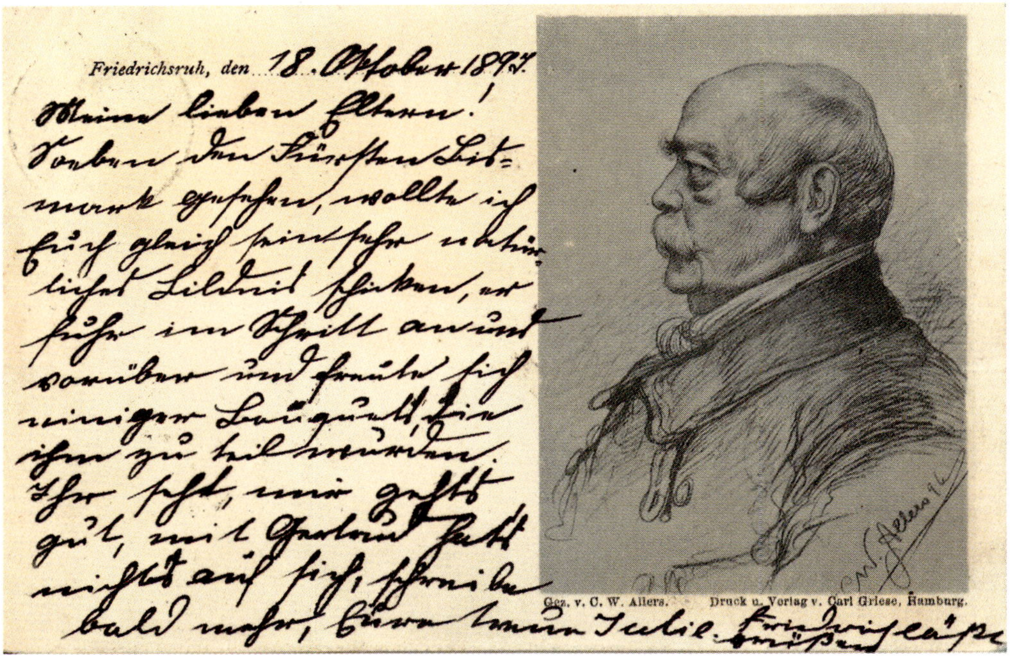

196 a und b Schon zu Bismarcks Lebzeiten wurden in Friedrichsruh Postkarten mit dem Porträt des Altkanzlers verkauft, und am 17. Oktober 1897 schrieb eine Quedlinburgerin an ihre Eltern: »Soeben den Fürsten Bismarck gesehen, wollte ich Euch gleich sein sehr natürliches Bildnis schicken, er fuhr im Schritt an uns vorüber und freute sich einiger Bouquetes, die ihm zuteil wurden.«

Tod und Mythos

Schon zu Jahresanfang 1898 meldete eine ausländische Presseagentur Bismarcks Tod. Obwohl der »Eiserne Kanzler« darüber lachte, zeigte er sich doch – seinem Leibarzt Schweninger zufolge – seit 1896 »schmerzhaft und tödlich« verändert.[1] Dazu kam menschliche Vereinsamung. Der Tod Johannas im November 1895 hatte Bismarck sehr getroffen, und der »Alte im Sachsenwald« litt am Leben, schrieb einfühlsam der bekannte Publizist Maximilian Harden, »litt unsäglich unter dem Bewußtsein, daß seinem rastlos arbeitenden Geist die Körperkräfte entglitten«.

[1] Für das Folgende: Manfred Hank, S. 439–447.

Friedrichsruh wollte der Kranke nicht mehr verlassen. Vor beschwerlichem Reisen graute ihm, und so hat er nach 1895 weder den geliebten Landsitz Varzin noch einmal gesehen, noch nahm er am 18. Januar 1896 an den Feierlichkeiten zum 25jährigen Bestehen des Deutschen Reiches in Berlin teil.

Von ständigen Schmerzen bestimmt verlief sein letztes Lebensjahr. Im Oktober 1897 diagnostizierte Schweninger »Greisenbrand« im linken Fuß. »Der arme Papa leidet schrecklich und stöhnt eigentlich fortwährend«, klagte Sohn Herbert wenige Wochen vor dem Tod des Vaters in einem Brief.

Bismarck starb am 30. Juli 1898 um 22.57 Uhr (Abb. 199). Auf seinen Wunsch hin wurde von der Familie weder eine Öffnung der Leiche noch die Abnahme einer Totenmaske gestattet; niemand sollte ihn zeichnen oder fotografieren.

Doch dieses Verbot wurde nicht befolgt. Sowohl der Maler Emanuel Grosser wie auch Franz Lenbach haben den toten Bismarck gezeichnet. Ihre Skizzen entstanden im Sterbezimmer. Dort fertigten auch die beiden Fotografen Willy Wilcke und Max Priester mit Blitzlichtpulver heimlich mehrere Aufnahmen des Toten an. Beide Männer hatten schon oft Bismarck und dessen Gäste in Friedrichsruh fotografiert. Förster Spörke verschaffte ihnen Zutritt zum Sterbezimmer. Als Wilcke und Priester später in Berlin per Anzeige Käufer für ihr Bild suchten, flog die ganze Geschichte auf. Herbert von Bismarck ließ den Verkauf der Aufnahmen sofort verbieten, und Berlins Polizeipräsident verfügte die vorläufige Beschlagnahme sämtlicher Platten. Im Dezember 1899 wurden Wilcke und Priester wegen »Hausfriedensbruch« zu sechs und drei Monaten Gefängnis verurteilt; der Förster erhielt wegen Beihilfe eine fünfmonatige Haftstrafe.

Ein Abzug des heimlich gemachten Fotos entging der amtlicherseits angewiesenen Vernichtung. Das Bild zeigt die Leiche, deren Kopf mit hochgebundener Kinnlade in zwei aufgetürmten Kissen ruht (Abb. 200); später entstand daraus eine retuschierte Fassung, die als weniger »schockierend« angesehen wurde. Doch die umstrittene Aufnahme blieb ein wichtiges biografisches Dokument; in seiner menschlichen Schlichtheit wirkt es ergreifend.

Im Gegensatz dazu verbreiteten zahlreiche Postkarten ein »schönes«, den Klischeevorstellungen breiter Bevölkerungskreise viel mehr entsprechenderes, aber völlig verfälschtes Bild vom toten Bismarck: Der »große Kanzler« in Uniform aufgebahrt, von Kürassieren flankiert und lorbeerumkränzt (Abb. 201–204).

Tatsächlich wurde der Sarg bereits am Abend des 1. August geschlossen. Weder der Kaiser noch der Kanzler haben den toten Reichsgründer noch einmal gesehen.

Es war Bismarcks ausdrücklicher Wunsch, daß mit seinem Leichnam »kein Unfug« getrieben wird. »Ich möchte nicht«, so äußerte er einmal gegenüber seiner Frau, »wie die Berliner sagen, eine schöne Leiche sein; und eine von der bekannten Aufrichtigkeit, die heimlich ›Uff!‹ macht, inszenirte Trauerkomoedie, so zwischen Vogelwiese und Prozession, wäre so ziemlich das Einzige, was mich noch schrecken könnte.«[2]

[2] Zit. nach: Maximilian Harden, Bismarck. In: ders., Köpfe, Berlin 1910, S. 30.

Die feierliche Grablegung von Bismarck und seiner Frau Johanna erfolgte am 16. März 1899, dem Beisetzungstag Wilhelms I. Bis dahin entstand in Friedrichsruh ein Mausoleum im neoromanischen Stil, an dessen Eingang heute Worte des Dichters Theodor Fontane aus dem Jahre 1898 mahnen:

»Und kommen nach Dreitausend Jahren
Fremde hier des Weges gefahren
Und sehen geborgen vorm Licht der Sonnen
Den Waldgrund in Epheu tief eingesponnen
und staunen der Schönheit und jauchzen froh
so gebietet einer Lärmt nicht so! –
Hier unten liegt Bismarck irgendwo.«

Die Inschrift auf Bismarcks schlichtem Sarkophag, von ihm selbst verfaßt und testamentarisch so festgelegt, lautet: »Fürst von Bismarck, geb. 1. April 1815, gest. 30. Juli 1898. Ein treuer deutscher Diener Kaiser Wilhelms I.«

Der Bismarckkult machte vor dem toten Reichsgründer nicht halt. Im Gegenteil: Um seine Person entstand ein Mythos, der zudem – gerade auch durch die Postkarte – oft verkitscht wurde. An Bismarck erinnernde Souveniers waren heiß begehrt, und seine persönlichen Dinge hat man wie Reliquien gehandelt. Der Friseur des Altkanzlers verkaufte nach 1898 sogar die von ihm seit Jahren gesammelten Haare Bismarcks dreistückweise in einer goldenen Brosche mit notarieller Beglaubigung.

Auffallend sind die den Bismarck-Mythos bestimmenden sakralen Elemente: Gottvater gleich warnt der im Himmel Thronende mit erhobener Faust die »Kinder Germaniens« vor der »römischen Gefahr«, aus dem Jenseits mahnt er zur »Wacht am Rhein« (Abb. 213 und 211).

In Bismarck, der zum Helden »aus Blut und Eisen« hochstilisiert wurde, sollte sich die Nation wiedererkennen, durch ihn zu Selbstvertrauen, Ausdauer und Mut finden. So verinnerlicht erschien der »Schmied des Reichs« als mythische Figur der durch ihn geeinten Nation, was in der Bismarck gewidmeten Denkmalbewegung schließlich seinen stärksten Ausdruck fand.

197 Anläßlich Bismarcks 83. Geburtstag, am 1. April 1898, veranstaltete nahezu jede größere deutsche Stadt Bismarckfeiern. Zwei Wochen vor dem Tode des Altkanzlers, am 12. Juli 1898, wurde in der Aula der Universität Halle ein Bismarckbild des Malers Franz Lenbach enthüllt. Am 28. Juli 1898 nahm Bismarck zum letztenmal im Familienkreis das Diner ein.

198 Das Bronzedenkmal »Der siegende Hirsch« (links) steht im Park von Friedrichsruh. Eine Votivtafel trägt die Inschrift: »Dem Fürsten Bismarck das dankbare Anhalt zum 1. April 1895«.

Extra-Blatt.

Berliner Lokal-Anzeiger.

Berlin, Sonntag, 31. Juli 1898, Morgens.

Fürst Bismarck †.

Friedrichsruh, 30. Juli, 11 Uhr 10 Min. Nachts. (Telegramm unseres c.-Special-Berichterstatters.) **Fürst Bismarck ist soeben, 11 Uhr, verschieden.**

Friedrichsruh, 30. Juli, 11 Uhr 54 Min. Nachts. (Telegramm unseres c.-Special-Berichterstatters.) **Der Fürst ist unter den Händen Schweningers Punkt 11 Uhr, eine halbe Stunde nach dessen Ankunft, sanft entschlafen. Er hat seinen treuen Arzt und Pfleger, der um 10½ Uhr von Berlin angekommen war, nicht mehr erkannt. Die Familie war im Nebenzimmer versammelt, auch die Dienerschaft. Seit einigen Stunden war Bewußtlosigkeit eingetreten, wiederholter Luftmangel machte sich geltend. Der Fürst griff mit den Händen an die Augen, um sie zu pressen. Das Hinscheiden erfolgte ohne Kampf.**

Ueber die letzten Lebensstunden des Alt-Reichskanzlers

erhalten wir die folgenden Privat-Telegramme:

Friedrichsruh, 30. Juli, 7 Uhr 10 Min. Abends. (Von unserem c.-Spezial-Berichterstatter.) Das Befinden des Fürsten Bismarck hat plötzlich aufs Neue eine bedeutende Verschlimmerung erfahren. Die Bestürzung darüber ist um so größer, als Geheimrath Schweninger zur Zeit abwesend ist. Er wurde sofort telegraphisch gebeten, auf dem schnellsten Wege nach Friedrichsruh zu kommen, Auch Graf Wilhelm Bismarck, der bereits abgereist war, wurde zurückberufen. Der Besuch des bayerischen Ministers von Crailsheim unterbleibt. Fürst Bismarck leidet große Schmerzen; der Kräftezustand ist unbefriedigend, auch eine geistige Schwäche macht sich bemerkbar.

Friedrichsruh, 30. Juli, 10 Uhr 35 Min. Abends. (Von unserem c.-Spezial-Berichterstatter.) Soeben, 10½ Uhr, entstieg Schweninger dem Berlin-Hamburger D-Zug, der auf einen Augenblick hier hielt, Mit einem Sprunge, in fliegender Hast, war er vom Wagen herunter. Ihm nach die beiden jungen Grafen Rantzau, welche ihn erwartet hatten. Einen Moment später saßen die Herren in der Equipage und jagten, was die Pferde laufen konnten, dem nur eine Minute entfernten Schlosse zu. Es besteht kein Zweifel, daß der neue Anfall, welcher den Fürsten darniedergeworfen hat, ernst, sehr ernst ist. Die Kunde läuft hier von Mund zu Mund, wenn auch noch immer offiziell alles dementirt wird. Gott schütze den Fürsten Bismarck! Er hat im Laufe des Abends große, anhaltende Schmerzen erlitten, auch hat sich eine rapide und starke Abnahme des Gedächtnisses bemerkbar gemacht. Die Thore des Schlosses sind geschlossen. Niemand außer der Familie findet Zutritt. Die Stimmung ist gedrückt. Andererseits ist aber der Zuversicht Ausdruck gegeben, daß die Riesennatur des Fürsten auch der neuen Krankheit Herr werde. Geheimrath Schweninger, so sagen die Friedrichsruher, dieser ausgezeichnete Arzt wird ihn schon wieder zurecht bringen! Allerdings, die wenigen Eingeweihten geben sich dieser trügerischen Hoffnung nicht mehr hin. Die größte Kunst des Arztes muß jetzt scheitern.

* * *

Schon am vergangenen Mittwoch, als wir die ersten Nachrichten über die Krise im Befinden des Altreichskanzlers veröffentlichten, waren wir im Besitz von sicheren Meldungen, denen zufolge das Befinden des Fürsten nahezu hoffnungslos war. Nur die Rücksicht auf den greisen Patienten, der bekanntlich bis in die letzten Tage hinein die Zeitungen aufmerksam zu verfolgen pflegte, hielt uns von der Veröffentlichung der betrübenden Nachrichten in ihrem ganzen Umfange zurück. Bereits in einem Bericht vom 27. d. M. meldete uns unser Friedrichsruher nn.-Korrespondent:

„Alles läßt darauf schließen, daß nur noch sehr schwache Hoffnungen auf Erhaltung des Lebens gehegt werden dürfen. Die Wunde am Bein ist aufgebrochen. Die Mattigkeit ist groß. Der Fürst befindet sich fast fortwährend im Halbschlummer. Geheimrath Schweninger und Dr. Chrysander wachen abwechselnd bei ihm. Man ist auf Alles gefaßt, aber um den Patienten nicht zu beunruhigen, werden die denkbarsten Anstrengungen gemacht, die Wahrheit zu verhüllen und alle Besorgnisse nach außen zu zerstreuen."

Alle Extra-Ausgaben des „Berliner Lokal-Anzeiger" werden nach wie vor in beliebiger Anzahl gratis in unseren sämmtlichen Expeditionen an Jedermann ausgegeben.

200 *Bismarck auf dem Totenbett*

201 *Eine der zahlreichen Postkarten, die – entgegen der wirklichen Situation – Bismarck als »schöne Leiche« aufgebahrt zeigen.*

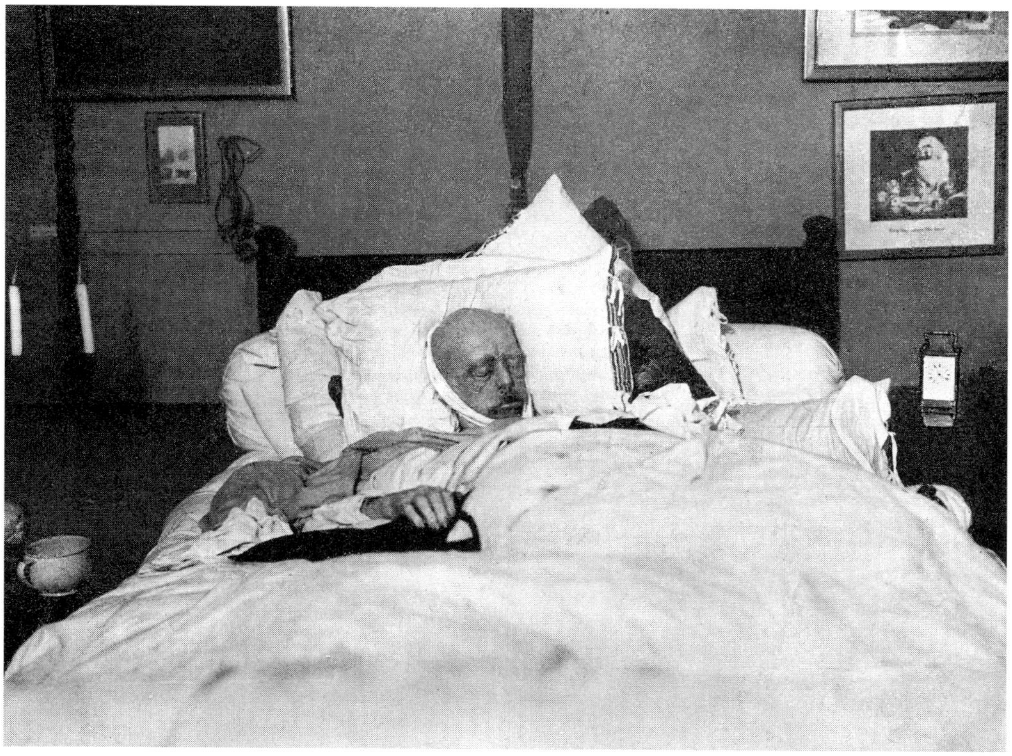

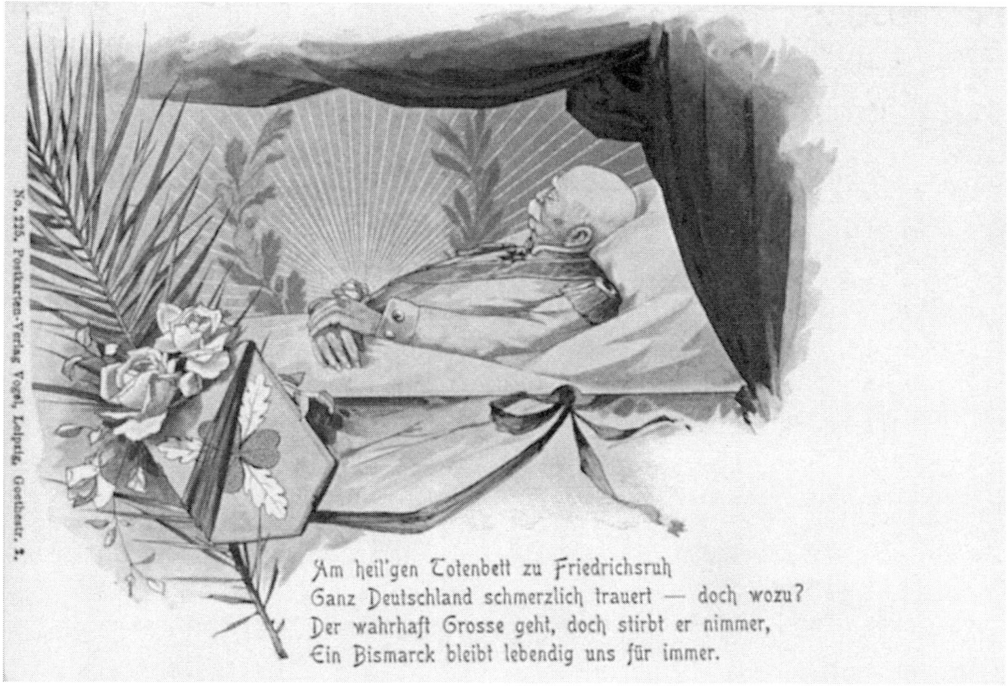

199 *Nach Bismarcks Tod ordnete Kaiser Wilhelm II. eine zehntägige Hof- und eine achttägige Armeetrauer sowie das Flaggen sämtlicher Reichs- und Staatsdienstgebäude auf Halbmast bis nach dem Tage der Beisetzung an. Für das Kürassierregiment Seydlitz und das Garde-Jäger-Bataillon, bei dem Bismarck einst seinen Militärdienst geleistet hatte, galt eine vierzehntägige Trauerzeit.*

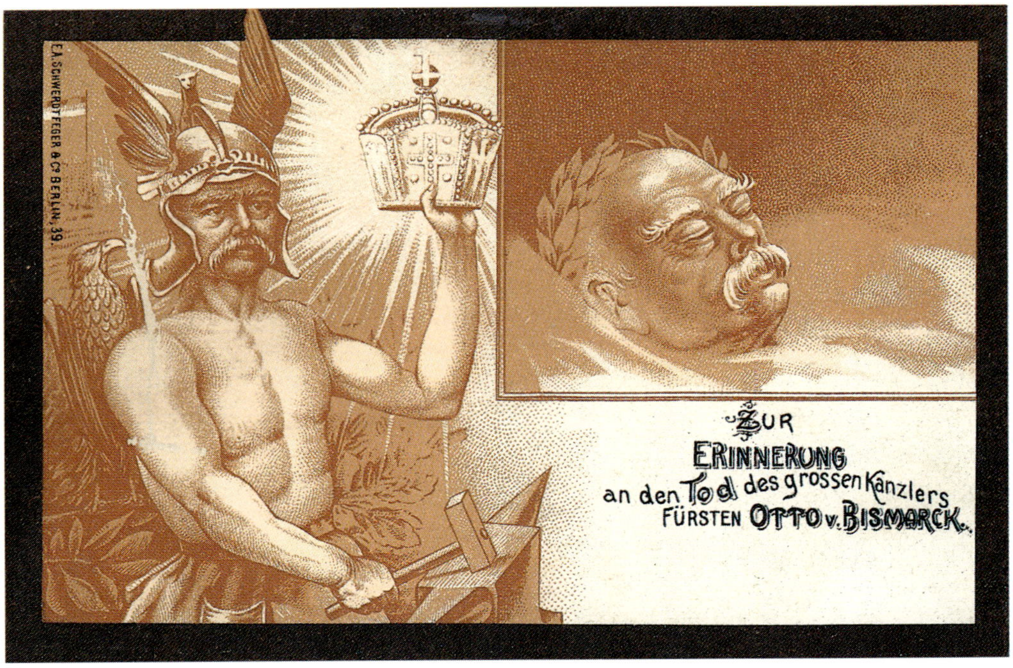

202 bis 204 Kitschpostkarten, die ein verfälschtes Bild vom toten Bismarck verbreiteten

205 Die von Bismarck selbst festgelegte Inschrift auf dem schlichten Sarkophag aus hellem Untersberger Marmor war ein letzter Hieb gegen den ungeliebten regierenden Monarchen. Sie lautete: »Fürst von Bismarck, geb. 1. April 1815, gest. 30. Juli 1898. Ein treuer deutscher Diener Kaiser Wilhelms I.«

206 und 207 Beisetzung des Fürsten Otto von Bismarck und seiner Frau Johanna am 16. März 1899 in Friedrichsruh; 1500 Hamburger Bürger säumten mit Fackeln die kurze Wegstrecke von Bismarcks Wohnhaus zum Mausoleum.

208 Kranzschleife

209 Mit dem Bau dieser einfachen neoromanischen Kapelle wurde bald nach Bismarcks Tod begonnen. Der Sarg verblieb im Trauerhaus, an der Stelle, wo der Reichsgründer gestorben war.

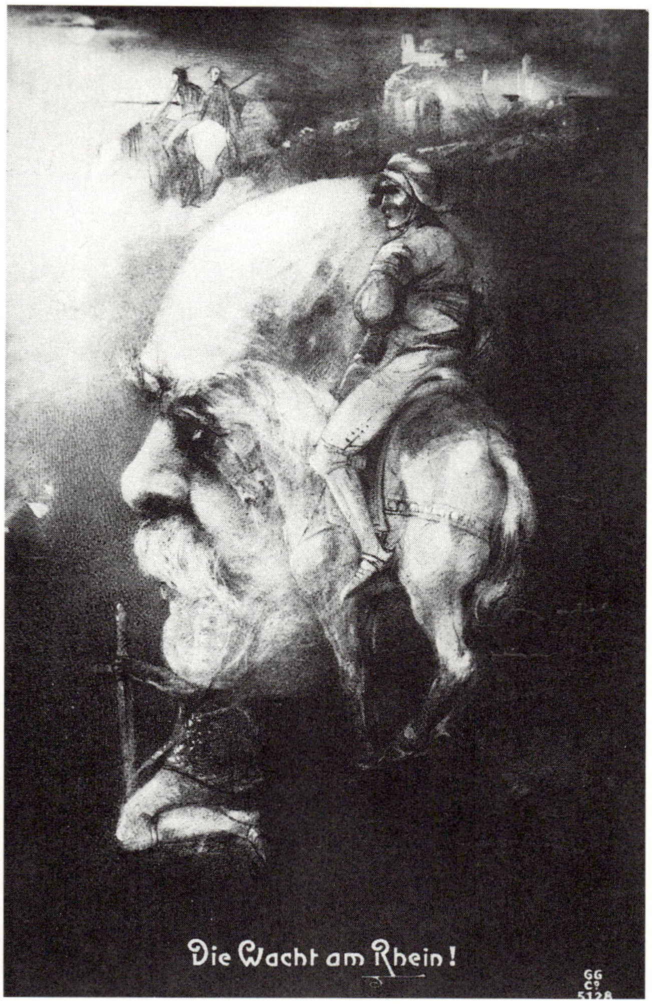

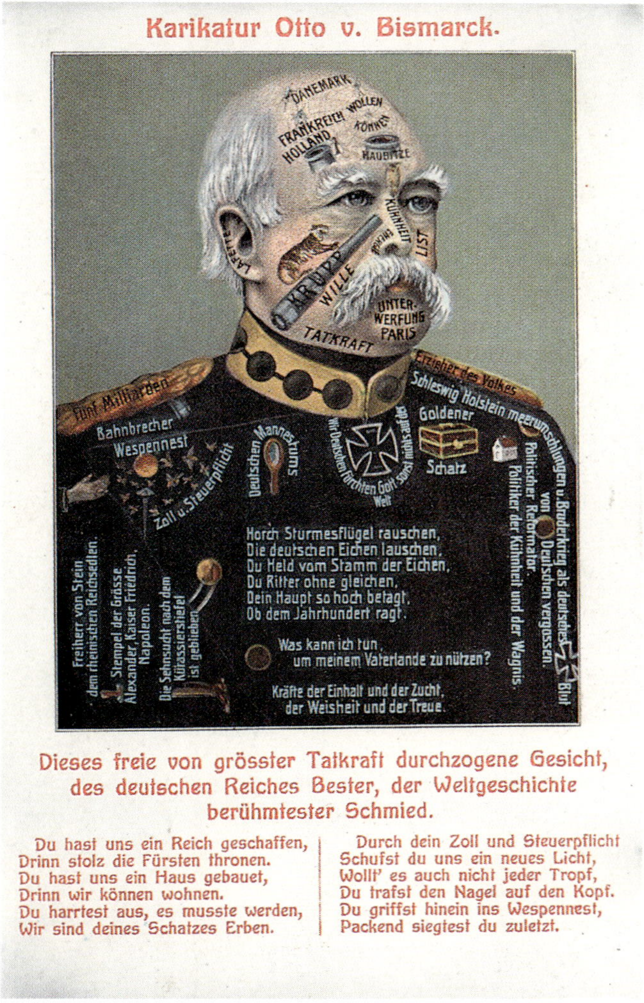

210 Immer wieder diente Bismarcks »alter Geist« politischen Gruppierungen, vor allem der deutsch-nationalen Rechten, zur geistigen Mobilmachung für ihre Interessen, denn der Name Bismarck wurde programmhaft verstanden und so bewußt eingesetzt.

211 Der Mythos Bismarck mahnt zur »Wacht am Rhein!«

212 Bismarckporträt in der Bildbau-Manier des italienischen Renaissancemalers Giuseppe Arcimboldo (16. Jahrhundert). Bismarck verkörpert als »Politiker der Kühnheit und der Wagnis« List, Wille, Wollen, Können und Tatkraft, die Kennzeichen des »deutschen Mannestums«. Durch »Blut und Eisen« (Krupp, Haubitze, Unterwerfung Paris') schuf er das Deutsche Reich. Bismarck soll jedem Deutschen Vorbild sein.

213 Antiklerikale Wahlkampfpostkarte 1907. Die Darstellung ist eine fast direkte Kopie des von Wilhelm II. 1895 entworfenen und von Hermann Knackfuß ausgeführten Bildes »Völker Europas, wahrt eure heiligsten Güter!« Allerdings stehen hier an Stelle der guten »Völker Europas« die vom Erzengel Michael mit dem Flammenschwert in Schach gehaltenen, meist finster dreinblikkenden katholischen Geistlichen, und Bismarck thront als positiver Mahner dort, wo bei Knackfuß der »böse Buddha« – also die »gelbe Gefahr« – erscheint. Mit geballter Faust (siehe Abb. 95) warnt der Reichsgründer vor der »römischen Gefahr«, womit er die katholische Zentrumspartei meint, die 1907 von den konservativen und liberalen Parteien des Bülow-Blocks bekämpft wurde. Unter Bismarck sind der Rhein und das Niederwalddenkmal, Deutschlands »heiligste Güter« verkörpernd, zu sehen.

214 Im November 1911 erkannte das Deutsche Reich im »Marokko-Kongo-Abkommen« den französischen Anspruch auf Marokko an. Für den Verzicht trat Frankreich den an Kamerun grenzenden Teil seiner Kongokolonie an Deutschland ab. Staatssekretär Alfred von Kiderlen-Waechter hat unter Reichskanzler Theobald von Bethmann Hollweg das Abkommen ausgehandelt. Auf der Postkarte erscheint Bismarck als großer Mahner, keine deutschen Interessen preiszugeben. Während Jules Martin Cambon, der französische Botschafter in Berlin, frohlockt, schlafen die deutschen Politiker.

Bismarck wird der Ausspruch zugeschrieben: »Ich brauche keine Denkmäler, mein Denkmal ist das Deutsche Reich.«[1] Doch bereits im April 1877 wurde dem Kanzler in Bad Kissingen ein erstes Denkmal errichtet, und bis zu seinem Tode folgten weitere 33, dazu kamen vier Denksteine und sechs Türme. Ein wahrer Boom setzte freilich nach 1898 ein. Gab es 1903 schon 165 Bismarck-Denkmäler, so zählte man drei Jahre später immerhin 306 Standbilder, Gedenksteine, Obelisken, Säulen und Türme. Darüber hinaus diente des Eisernen Kanzlers Name als geografische Bezeichnung. Wasserstraßen und Berggipfel wie die Bismarck-Koppe im Glatzer Gebirge, einsame Waldesschluchten, aber auch Straßen, Plätze, Grotten, Klippen, Brunnen, Schiffe, Fabriken, Gaststätten (Abb. 12, 223–225), Nahrungsmittel (»Bismarckhering«) und – nicht zu vergessen – zahlreiche gesellige Vereinigungen wurden nach dem Reichsgründer benannt (Abb. 228).

[1] Zit. nach: Staatsarchiv Magdeburg, Rep. C92, Nr. 612, Bl. 59/1.

Selbst auf Papua-Neuguinea, dem damaligen Kaiser-Wilhelm-Land, erhielt ein Bergrücken den Namen Bismarck-Gebirge, und eine nahe gelegene Inselgruppe heißt noch heute Bismarck-Archipel. In der ehemaligen deutschen Kolonie Togo gab es die Stadt Bismarckburg, und in den USA wurde die 1873 gegründete Hauptstadt des Staates North Dakota nach dem berühmten deutschen Politiker »Bismarck« genannt. Die Verehrung des Reichskanzlers ging in den USA sogar so weit, daß Eltern ihren Sohn »Otto Bismarck« nannten und das natürlich stolz nach Friedrichsruh mitteilten.[2]

[2] Diesen Hinweis verdanke ich Herrn Nikolaj Müller-Wusterwitz (Fürstlich von Bismarck'sches Archiv Friedrichsruh, 22. 11. 1989).

Weit verbreitet waren Bismarck-Eichen. Bismarck selbst verschenkte gern junge Bäumchen aus dem Sachsenwald, und seine Nachfahren setzten diese Tradition fort (Abb. 231).

Die Bismarck gewidmeten (Aussichts-) Türme knüpften an mittelalterliche Formen an. Ihr »wehrhafter« Bergfried symbolisierte nationale Wachsamkeit, und meist erinnerte – wie z. B. im Bismarck-Turm bei Göttingen (Abb. 234) – eine »Gedächtnishalle« an den Reichsgründer.

Vertreter der deutschen Studentenschaft regten Ende 1898 die Errichtung von Bismarck-Säulen an. In ihrem Aufruf appellierten sie: »Wie vor Zeiten die alten Sachsen und Normannen über den Leibern ihrer gefallenen Recken schmucklose Felsensäulen auftürmten, deren Spitzen Feuerfanale trugen, so wollen wir unserm Bismarck zu Ehren auf allen Höhen unserer Heimat, von wo der Blick über die herrlichen deutschen Lande schweift, gewaltige granitene Feuerträger errichten.« Alljährlich zur Sommersonnenwende sollten dann »nach altgermanischem Brauch« aus diesen »ehernen Feuerbehältern Flammen weithin durch die Nacht leuchten«.

470 Gemeinden planten 1899 den Bau eines Bismarck-Turmes – manchmal auch »Warte« genannt – oder einer Bismarck-Säule, und vielerorts ist dann tatsächlich im Juni der »nationale Bismarckgedenktag« immer wieder »durch Abhaltung von Konzert, Ansprache und Bismarckfeuer« festlich begangen worden.[3]

[3] Staatsarchiv Magdeburg, Rep. C92, Nr. 612, Bl. 57.

Obwohl meist von der staatlichen Obrigkeit angeregt und vom Besitzbürgertum finanziert, war die Errichtung von Bismarck-Denkmälern »offenbar wirklich populär«[4]. Allerdings hatten sich die ausführenden Künstler – wie schon beispielhaft erwähnt – in der Regel den Vorstellungen ihrer Auftraggeber zu fügen.

[4] Thomas Nipperdey, Nationalidee und Nationaldenkmal in Deutschland. In: Historische Zeitschrift, Bd. 206, München 1968, S. 577.

Ohne Zweifel galt der »Eiserne Kanzler« einer übergroßen Bevölkerungsmehrheit als *die* herausragende Symbolfigur des Deutschen Reiches, gleichsam als dessen »menschliche Verkörperung«[5]. Auf dem Denkmalsockel war Bismarck auch nach seinem Tode gegenwärtig, und auf diese Weise diente er dem nationalen Selbstverständnis vieler Deutscher. Aber Bismarcks Person wurde idealisiert und ins Heldenhafte gesteigert. Das Denkmal erhob den Reichsgründer zum mythischen Symbol, zur klassenübergreifenden Vater-Figur und zum Mahner, die von ihm errungene Einheit Deutschlands auch nach außen zu verteidigen.

Mit Standbildern aus Metall oder Granit glaubte man Bismarcks Charaktergröße am besten gerecht zu werden, und die ihm zugeschriebenen Eigenschaften wurden als »typisch deutsch« verallgemeinert: »Von reckenhafter Gestalt, von Blut und Eisen, dem Felsen, dem Granit und dem Findlingsgestein gleich, aus Erz gegossen, hart wie das Holz der ›deutschen Eiche‹, so wähnte man die deutsche Mannesnatur.«[6]

Meist ist Bismarck in Uniform, mal mit, mal ohne Kopfbedeckung, aber in der Regel mit Säbelgehänge und einer Reihe von Orden und Ehrenzeichen, vor allem dem Eisernen Kreuz und dem Pour le mérite, dargestellt worden.

Solch ein traditionelles Statuendenkmal wurde am 16. Juni 1901 in Berlin vor dem Reichstag enthüllt, wobei Kaiser Wilhelm II. einen Kranz niederlegte, der die Inschrift trug: »Des großen Kaisers großem Diener«. (Abb. 218) Das von Reinhold Begas geschaffene Denkmal verweist mit vielen Nebenmotiven auf Bismarcks politisches Lebenswerk: Der schwertschmiedende Mann symbolisiert die Reichsgründung, eine lesende Frau die Weisheit des Staatsmannes. Der Sieg über eine Raubkatze dokumentiert metaphorisch den militärischen Erfolg von 1870/71, und auf der Weltkugel, die von Herkules getragen wird, sind vor allem die Kolonien zu sehen.

Das erste Reiterstandbild entstand dann 1910 in Bremen. Aber schon 1888 wurde Bismarck so Bestandteil des Leipziger Siegesdenkmals (Abb. 221). Es befand sich bis zu seinem kostenaufwendigen Abriß im Juni 1946 auf dem Marktplatz der Stadt und zeigte auf hohem Sockel die Germania, Kaiser Wilhelm I. thronend in einer Sockelnische, etwas niedriger an den vier Ecken zu Pferde die Kronprinzen Friedrich von Preußen und Albert von Sachsen, Bismarck und Moltke.

Zu seinen Lebzeiten hat man den Reichsgründer durchaus aber auch als volkstümlichen Zivilisten auf den Denkmalssockel gehoben (z. B. Abb. 147). So erscheint er als Spaziergänger, Natur- und Hundefreund, Biertrinker, Pfeifenraucher, aber auch als Schmied, Baumeister, Lotse und Steuermann.

Bisweilen wurde er symbolisch kostümiert: Bismarck, der Ritter in mittelalterlicher Rüstung mit Schwert und Helm. Lag zu seinen Füßen ein besiegter Drachen, so war damit die von ihm erfolgreich bekämpfte Zwietracht der Deutschen gemeint (Abb. 229).

Erst nach 1898 entstanden die gewaltigen, unnahbaren und zeitenentrückten übermenschlichen Typisierungen. In verschiedenen Städten wurde Bismarck als Roland, der aufs Schwert gestützt die Reichshoheit wahrt, als drachentötender Siegfried, »getreuer Eckart« und St. Georg

[5] Volker Plagemann, Bismarck-Denkmäler. In: Denkmäler im 19. Jahrhundert. Deutung und Kritik, hrsg. von Hans-Ernst Mittig und Volker Plagemann (= Studien zur Kunst des 19. Jahrhunderts, Bd. 20), München 1972, S. 226.

[6] Ebenda, S. 246.

aufgestellt (Abb. 220 und 232). Die Hamburger Rolandfigur von Hugo Lederer mit der Bedeutung eines Nationaldenkmals steht »isoliert halblandschaftlich auf einer Anhöhe über dem Hafen, am Aus- und Eingang Deutschlands zur Welt, weithin sichtbar«. Ihr »Raum ist nicht ein Platz, sondern wie bei den Bergdenkmälern eigentlich der Himmel«. Das Denkmal hat, »abgehoben vom Stadtkern, einen autonomen Maßstab, es konkurriert, obwohl mit insgesamt 23m nicht extrem hoch, durch seine in die Ferne wirkende Silhouette mit den Kirchtürmen der Stadt. Die menschliche Figur ist ins Riesenhafte, auf 15m, gesteigert und zu einer monumentalen architektonischen Form stilisiert: Bismarck ist mit gepanzerter Rüstung umkleidet, die Hände liegen vor der Brust auf dem Griff des zur Ruhe gestellten Schwertes, von der Schulter fällt ein Mantel in schweren Falten herab und endet in zwei am Sockel sitzenden Adlern; die Figur ruht so in ihrer Größe und Mächtigkeit ganz in sich. Alle menschlich individuellen und zeitlich historischen Züge sind in eine übermenschlich zeitlose Objektivität, ja in eine archaische Starrheit aufgehoben. Die durchgehaltene vertikale Symmetrie und die als Material verwandten Granitquader verstärken die blockartige geschlossene Wirkung. Die Statue ist zum Turm geworden. Diese Form galt vielen Zeitgenossen als ausgesprochen deutsch.«[7]

[7] Thomas Nipperdey, S. 579 f.

Der Bau eines überregionalen Bismarck-Nationaldenkmals auf der Elisenhöhe bei Bingerbrück am Rhein wurde durch den Ausgang des Ersten Weltkrieges verhindert. Der Entwurf von Wilhelm Kreis sah einen »germanischen« Monumentaltempel vor, in dessem Innern einzig und allein ein von Hugo Lederer entworfener antiker Bismarck-Koloß thronen sollte. Durch den Verkauf von Postkarten brachte der »Verein zur Errichtung des Bismarck-National-Denkmals« für das Projekt Geld zusammen (Abb. 236 und 237).

In ihrer Gesamtheit waren die Bismarck-Denkmäler wirksame Instrumente »der nationalen Selbstverständigung und Selbstbetätigung«; zugleich dienten sie »der Propaganda für bestimmte Interessen bzw. für deren Verschleierung«. Ganz sicher wurden durch sie »nationale Emotionen« ausgelöst, und gewiß haben sie zur Ausbildung eines »einheitlichen deutschen Nationalgefühls« beigetragen.[8] Aber die Bismarck-Denkmäler förderten auch das kritiklose Untertanenbewußtsein; ihren Betrachtern haben sie vor allem »edle« patriotische Begeisterung, Opferfreudigkeit, Gehorsam, Bewunderung und Dankbarkeit abverlangt und anerzogen. Die Generation, die 1914 in den Krieg zog, wurde davon stark geprägt.

[8] Volker Plagemann, S. 243 ff.

In der sowjetischen Besatzungszone wurden um 1946/47 die meisten Bismarck-Denkmäler entfernt; deren vollständige Demontage zog sich allerdings bis in die fünfziger Jahre hin. Eine ausdrückliche Anordnung des Alliierten Kontrollrates hat es dafür nicht gegeben, und dessen Direktive zur »Beseitigung deutscher Denkmäler und Museen militärischen und nationalsozialistischen Charakters« vom 13. Mai 1946 war keinesfalls auf Standbilder und Büsten Bismarcks anzuwenden. Sie bezog sich ausdrücklich nur »auf Personen, Organisationen und Einrichtungen«, die mit Kriegshandlungen nach dem 1. August 1914 »in unmittelbarem Zusammenhang« standen. Zudem ist bekannt, daß sowjetische

Dienststellen mit dem Schleifen der Bismarck-Denkmäler oft nicht einverstanden waren, solche Aktionen manchmal zu verhindern suchten oder wenigstens – wie nach dem Abriß des Leipziger Siegesdenkmals von 1888 – ihrerseits ausdrücklich bekundeten, eine solche Maßnahme nicht verlangt zu haben.

In der Regel wurde der Abbruch von den regionalen Behörden beschlossen bzw. angeregt und häufig von Gruppen der Freien Deutschen Jugend (FDJ) ausgeführt.

Über die Entfernung des Magdeburger Bismarck-Denkmals (Abb. 230), ein Werk von Carl Echtermeier, der auch das Denkmal Otto von Guerickes schuf, beriet 1947 die Stadtverordnetenversammlung ohne Ergebnis. Nur durch mündliche Überlieferung ist bekannt, daß das Denkmal schließlich »in der Nacht entfernt und eingeschmolzen wurde«[9]; angeblich geschah es entgegen einer Empfehlung der sowjetischen Militäradministration. In anderen Städten konnte die Demontage jahrelang immer wieder aufgeschoben werden, und mancherorts – wie z. B. in Dresden – wurde überlegt, für künstlerisch wertvolle Bismarck-Denkmäler weniger zentral gelegene Standorte zu wählen.

Noch im Herbst 1975 wurde im Zusammenhang mit dem Abriß der Denkmalskirche des Berliner Doms ein von Reinhold Begas geschaffenes Grabmal Bismarcks gesprengt. Die staatliche DDR-Denkmalpflege hatte dieser Bilderstürmerei ausdrücklich zugestimmt, nur Bismarcks Kopf konnte vor der Zerstörung gerettet werden. Heute ziert er den Schreibtisch von Herrn Rüdiger Hoth, kirchlicher Beauftragter für den Wiederaufbau des Berliner Doms.[10]

Nach wie vor aber thront Bismarcks Kopf in Leipzig über dem Haupteingang der Deutschen Bücherei, und möglicherweise ist mit ihm das einzige »Denkmal« für den Reichsgründer in der DDR erhalten geblieben.

In Bismarck hat man nach 1945 zeitweise einen Wegbereiter nationalsozialistischer Ideen gesehen, und nach der leidvollen Erfahrung mit der zwölfjährigen faschistischen Diktatur sollte jede Erinnerung an die preußisch-militaristische Vergangenheit getilgt werden. Gleichwohl rechtfertigt dies keine Bilderstürmerei. Der Verlust mancher, z.T. bedeutender und unwiederbringlicher Kunstwerke, die einer faszinierenden Persönlichkeit der deutschen Geschichte galten, ist beklagenswert.

[9] Mitteilung des Magdeburger Stadtarchivs vom 27. 1. 1988.

[10] Diese mündliche Information vom 1. 2. 1990 verdanke ich Herrn Rüdiger Hoth (Berlin).

Folgende Doppelseite:

218 Enthüllung des Bismarck-Denkmals vor dem Berliner Reichstag am 16. Juni 1901. Das Denkmal wurde 1938/39 zusammen mit den Standbildern von Roon und Moltke umgesetzt. Seit damals steht es am Großen Stern nahe der Siegessäule im Berliner Tiergarten, leider fehlen die Reliefplatten am Sockel

215 Bismarck-Erinnerungspostkarte, die zur Errichtung von Standbildern des »Eisernen Kanzlers« aufforderte

216 Dieses Motiv fand alljährlich als Mitgliedskarte der Stendaler Bismarck-Gesellschaft Verwendung.

217 Der am 18. Januar 1899 in Stendal gegründete »Ausschuß zur Errichtung eines Bismarck-Archivs« wandte sich am 2. März 1899 mit einem Spendenaufruf an 1100 Zeitungen, die Magistrate aller deutschen Städte, Gemeindevorstände, an Schützen-, Turn- und Lehrervereine, »um die Einsendung von Geldbeträgen für das Bismarck-Archiv in Fluß zu bringen« (Denkschrift über den Plan der Erbauung eines Bismarck-Hauses in Stendal mit Entwurfsabbildung, Stendal 1910, S. 14). Der Aufruf hatte jedoch wenig Erfolg, da zur gleichen Zeit überall in Deutschland für den Bau von Bismarck-Denkmälern und Bismarck-Türmen gesammelt wurde. Dem Ausschuß gehörten damals 123 Persönlichkeiten an. Darunter befanden sich auch die Bismarckbiografen Prof. Erich Marcks, Hermann von Poschinger und Dr. Horst Kohl sowie der Breslauer Historiker Prof. Felix Dahn. Der Ausschuß gründete am 21. Juni 1904 die »Bismarck-Gesellschaft in Stendal«. Den von ihr satzungsgemäß beabsichtigten Bau eines eigenen »Bismarck-Hauses« mit Archiv, Bibliothek und Museum verhinderte der Ausbruch des Ersten Weltkrieges.

Datum des Poststempels.

Ihre werthe Spende für ein in Stendal zu errichtendes Bismarck-Archiv im Betrage von .... Mark ist bei uns — bei der Expedition des „Altmärkischen Intelligenz- und Lese-Blattes" — eingegangen, worüber hiermit dankend quittirt wird.

Der Ausschuß

zur Errichtung eines Bismarck-Archivs in Stendal.

J. A.: **Werner,** Oberbürgermeister.

219 Bleiglasfenster mit Bismarckporträt um 1900

220 Bismarck-Denkmal in Hamburg, errichtet 1903–1906

221 Reiterstatuette Bismarcks, Bronze, dem Standbild des Leipziger Siegesdenkmals nachgebildet von Rudolf Siemering (0,85 m hoch), Geschenk Leipziger Bürger 1895) Der nicht mehr vorhandene Marmorsockel trug eine Widmung sowie die von Ernst Götz gedichtete Inschrift: »Unsrer Väter heißes Sehen – Deutschlands Einheit ist erstritten. – Unsre Brüder haben freudig – für das Reich den Tod erlitten. – Enkel mögen kraftvoll walten – Schwer Errungnes zu erhalten.«

222 Einer der neun Räume des am 29. September 1891 eröffneten und bis 1945 existierenden Bismarck-Museums in Schönhausen an der Elbe. Links die Reiterstatuette Bismarcks (Abb. 221)

223 W. Kollmann, der Direktor einer nach Bismarck genannten Eisenhütte in Oberschlesien (seit 1922 polnisch), übersandte dem verehrten »Eisernen Kanzler« regelmäßig Präsente aus Eisenguß.

224 Schnellster Doppelschraubendampfer der Hamburg-Amerikanischen Paketgesellschaft (Hapag-Lloyd AG), am 29. November 1890 in Stettin auf den Namen »Fürst Bismarck« getauft

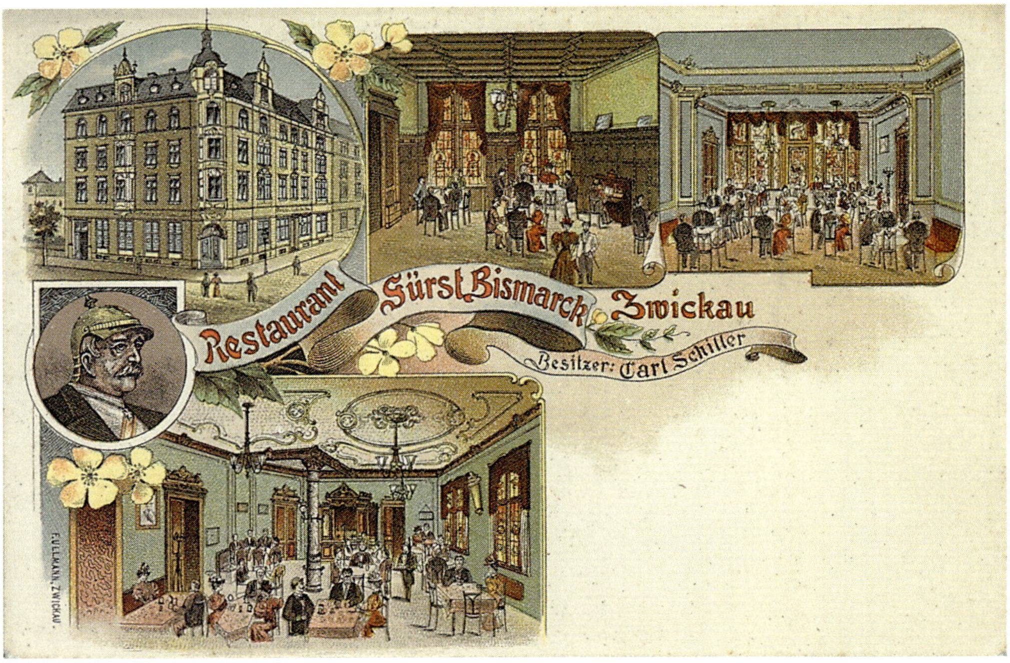

225 *Um die Jahrhundertwende nannten sich zahlreiche Restaurants nach dem Reichsgründer.*

226 *Am 25. März 1838 begann Bismarck seine Militärzeit als Einjährig-Freiwilliger bei den Garde-Jägern zu Potsdam, ab Oktober diente er im Pommerschen 2. Jäger-Bataillon zu Greifswald.*

227 *Das auf einem Granitsockel stehende, etwa 3,50 Meter hohe bronzene Denkmal nach einem Entwurf von Robert Diez wurde am 30. August 1903 enthüllt, im Laufe des Jahres 1946 abgebaut, dann einige Zeit im Johanneum aufbewahrt und wahrscheinlich 1947 eingeschmolzen.*

228 Auch viele gesellige Vereinigungen führten Bismarcks Namen

229 Das von Friedrich Reusch, dem Direktor der Königsberger Kunstakademie, geschaffene bronzene Denkmal zeigt Bismarck als Drachentöter. Der Drache, nunmehr bezwungen, symbolisiert die deutsche Zwietracht vor der Reichsgründung von 1871. Das Denkmal wurde 1901 auf dem Wilhelmsplatz vor dem Schloß feierlich enthüllt. Durch Kriegseinwirkung 1944/45 stark beschädigt, blieb es ohne Kopf und Hand bis in die 1950er Jahre zunächst stehen. Schließlich eingeschmolzen, thronte dann zwei Jahrzehnte lang – bis zur Umsetzung – Rußlands berühmter Heerführer Alexander Suworow (1730–1800) auf dem Originalsockel. (Mitteilung der Abt. Kultur des Kaliningrader Stadtsowjets der Volksdeputierten vom 21. 11. 1989)

230 Das Magdeburger Bismarck-Denkmal von Carl Echtermeier, wie es bis 1947 stand

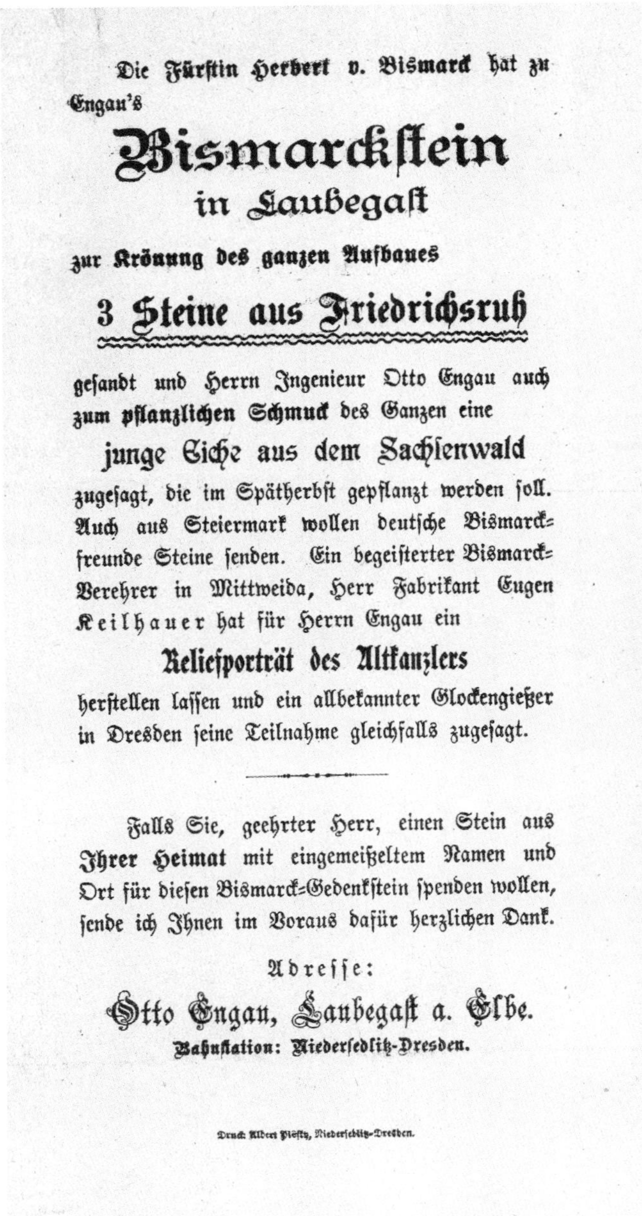
Die Fürstin Herbert v. Bismarck hat zu Engau's

Bismarckstein

in Laubegast

zur **Krönung des ganzen Aufbaues**

3 Steine aus Friedrichsruh

gesandt und Herrn Ingenieur Otto Engau auch **zum pflanzlichen Schmuck** des Ganzen eine

junge Eiche aus dem Sachsenwald

zugesagt, die im Spätherbst gepflanzt werden soll. Auch aus Steiermark wollen deutsche Bismarck-freunde Steine senden. Ein begeisterter Bismarck-Verehrer in Mittweida, Herr Fabrikant Eugen Keilhauer hat für Herrn Engau ein

Reliefporträt des Altkanzlers

herstellen lassen und ein allbekannter Glockengießer in Dresden seine Teilnahme gleichfalls zugesagt.

Falls Sie, geehrter Herr, einen Stein aus **Ihrer Heimat** mit eingemeißeltem Namen und Ort für diesen Bismarck-Gedenkstein spenden wollen, sende ich Ihnen im Voraus dafür herzlichen Dank.

Adresse:

Otto Engau, Laubegast a. Elbe.

Bahnstation: Niedersedlitz-Dresden.

Druck: Albert Pleßky, Niedersedlitz-Dresden.

231 Anläßlich Bismarcks 10. Todestages begann der Ingenieur Otto Engau auf seinem Privatgrundstück in Laubegast bei Dresden mit der Errichtung eines »Bismarck-Ehrengartens«. Die zumeist Inschriften tragenden Steine kamen aus Schönhausen, Varzin, Friedrichsruh, aber auch aus vielen anderen Orten, die für Bismarcks Leben von Bedeutung waren, sowie von Universitäten, Regimentern und zahlreichen Verehrern. Die feierliche Einweihung geschah am 1. September 1909.

232 Die 1907/08 angebrachte Rolandfigur wurde am 7. März 1945 durch einen Luftangriff zerstört.

233 *Bismarck-Platz mit Büste des Namenspatrons in Tanga, Hafenstadt in vormals Deutsch-Ostafrika*

234 *Phelloplastik (Korknachbildung) des am 18. Juni 1896 eingeweihten Bismarckturms auf dem Hainberg bei Göttingen*

235 Über dem Völkerschlachtdenkmal (von links nach rechts): Königin Marie Luise und König Friedrich Wilhelm III. von Preußen, Kaiser Wilhelm I., Kaiser Wilhelm II. und Bismarck

236 und 237 »Offizielle Postkarten« des Vereins zur Errichtung des Bismarck-National-Denkmals« auf der Elisenhöhe bei Bingerbrück am Rhein. Auf der Rückseite ist vermerkt: »Dieser Gruß ein Baustein zum Bismarck-National-Denkmal«.

Bismarcks Erwachen

Als im Sommer 1914 der Erste Weltkrieg ausbrach, hofften in Deutschland viele Menschen auf einen kurzen und erfolgreichen Feldzug. Siegreich wollte man Frankreich schlagen, und im nationalistischen Taumel – an die »ruhmreiche Zeit« von 1870/71 erinnert – hieß es: Weihnachten seien alle Soldaten wieder zu Hause.

Aber auch nach acht Monaten war ein Ende des Krieges nicht absehbar, und am 1. April 1915 stand Bismarcks 100. Geburtstag im Zeichen unverminderter, ja immer weiter eskalierender militärischer Auseinandersetzungen.

Bismarck, der das Deutsche Reich nach 1871 für »saturiert« ansah und aus kriegerischen Konfliken heraushielt, ist von Kriegsbeginn an für räuberische Interessen und Annexionsabsichten mißbraucht worden. Die Intergrationskraft seines Namens wurde benutzt, um das deutsche Volk »über alle Klassenschranken hinweg« auf den »Geist von 1914« einzuschwören. Mobilmachung und Gottesdienst vor dem Berliner Bismarck-Denkmal bestimmten die ersten Stunden des Krieges. Bismarck, so schrieb damals der Historiker und Politiker Hans Delbrück, »verdanken wir nicht bloß das gute Gewissen, mit dem wir jetzt in den Krieg gegangen sind, sondern auch die überwältigende Erscheinung der Einmütigkeit unseres Volkes, wie unsere zweitausendjährige Geschichte sie noch niemals aufzuweisen vermocht hat«.[1] Freilich geschah dies alles nicht ohne schon vorhandenen politischen Hintergrund. Dem besonders aggressiv-nationalistisch ausgerichteten Alldeutschen Verband war Bismarck schon in den neunziger Jahren wichtigste ideologische Leitfigur[2]; gleichsam in seinem Namen hatte die Organisation immer wieder eine Neuaufteilung der Welt und für Deutschland den begehrten »Platz an der Sonne« gefordert. Auf Plakaten der Alldeutschen erschien Bismarck meist als bewehrter Recke in geschickter Verbindung mit dem ursprünglich vom Großen Kurfürsten Friedrich Wilhelm stammenden Wahlspruch des Verbandes: »Gedenke, daß Du ein Deutscher bist!« (Abb. 241)

Nun, in der »großen Zeit« des Weltkrieges (Abb. 243), sollte der »Eiserne Kanzler« wie schon einmal das deutsche Volk zum Sieg führen. Der Schriftsteller Walter Flex (1887–1913) dichtete:

»Er ist's. Der Eine. Der Völkerschrecken,
Der riesige Rufer im deutschen Wecken,
Der Recke, der Wachsame unter den Toten,
Dem Feuersäulen als Opfer lohten.
Er hielt bei Feuern auf Bergen Wacht
Nun führt er die Toten in die Schlacht.« (Abb. 242)

Auch die zahlreichen Zeitungsartikel zum Geburtstagsjubiläum hoben diesen Gesichtspunkt immer wieder hervor: »Bismarck! Welches Wort fände zurzeit tieferen Widerhall in uns! Bismarck – fast selbstverständlich scheint es, daß er jetzt plötzlich wieder bei seinem Volk ist. Unser getreuer Eckart hat ja wie kein anderer vaterländischer Held das deutsche Volk in tiefster Seele verstanden und gekannt, er weiß, was uns not tut in der höchsten Kraftanstrengung, die je einer Nation aufgezwungen wurde – darum kommt er zu uns in diesen Tagen: ein Auferstande-

[1] Hans Delbrück, S. 213.

[2] Ludwig Freisel, Das Bismarckbild der Alldeutschen. Bismarck im Bewußtsein und in der Politik des Alldeutschen Verbandes von 1890 bis 1933. Ein Beitrag zum Bismarckverständnis des deutschen Nationalismus, phil. Diss., Würzburg 1964.

ner, ein Hundertjähriger, ein Schutzgeist mit segnenden Händen. Seine hohe Gestalt erquickt das Auge in diesem Heldenkampf um Deutschlands Sein und Größe, und wir wissen, daß sein Name die Macht hat, unseren Mut zu beflügeln, unser Vertrauen zu stählen – uns zum Siege zu zwingen.«[3]

Die deutsche Kriegspropaganda betrieb »Bismarcks Erwachen«, um den Siegeswillen der Soldaten zu bestärken: Bismarck »in Feldgrau« oder mit Luther zusammen als zwei »Deutsche Eichen« auf der Feldpostkarte (Abb. 245 und 244). Bismarcks geflügeltes Wort: »Wir Deutsche fürchten Gott, aber sonst nichts in der Welt« wurde zur populärsten Kriegsparole, die dem einzelnen Soldaten das Gefühl geben sollte, einer mutigen, streitbaren und anderen Völkern überlegenen Nation anzugehören. Der Ausruf entstammt einer Reichstagsrede vom 6. Februar 1888 über die Notwendigkeit der Heeresverstärkung. Seine »platte Prahlerei in demagogischer Weise religiös verbrämt« leitete jedoch »über zu dem unübersehbaren Wust von nationaler Eitelkeit, nationaler Selbstgefälligkeit, nationalem Selbstlob und nationaler Selbstschmeichelei«.[4]

In der kontroversen Diskussion über Deutschlands Kriegsziele haben sich die gegensätzlichsten politischen Gruppierungen immer wieder auf Bismarck berufen. So sah sich sowohl der Alldeutsche Verband mit seinen Weltherrschaftsplänen und weitreichenden Annexionsabsichten wie auch die von ihm wegen ihrer »Burgfriedenspolitik« scharf attackierte Regierung um Reichskanzler Bethmann Hollweg in der Tradition des »Eisernen Kanzlers«. Die Kriegsziele der Regierung waren zwar »mäßiger« als die der Alldeutschen, doch brachte auch Hans Delbrück, sonst ein radikaler Gegner »überzogener« deutscher Hegemoniebestrebungen, in seinem Buch »Bismarcks Erbe« 1915 zum Ausdruck, Deutschland müsse im Ergebnis des Krieges ein sehr großes Kolonialreich errichten, darin bestehe die »nationale Aufgabe«, »in derselben Weise wie im Jahre 1862, als Bismarck ans Steuer berufen wurde, die Einigung die nationale Aufgabe war«.[5]

Es soll Bismarcks Wunsch gewesen sein, zwanzig Jahre nach seinem Tode noch einmal die Welt zu sehen. Der Blick hätte ihn erstarren lassen. Im November 1918 kapitulierte Deutschland. Weder die Vorstellungen der Alldeutschen noch die der Regierung hatten sich erfüllt. Zwar überlebte das von Bismarck begründete Reich, doch mußte es Elsaß-Lothringen, die Kriegsbeute von 1871, an Frankreich, Nordschleswig an Dänemark und große Gebiete im Osten Preußens an den 1918 gegründeten polnischen Staat abtreten. Das Ende des Krieges bedeutete auch das Ende der Monarchie. Wilhelm II., der noch 1915 zu Bismarcks 100. Geburtstag den Nachfahren des Kanzlers vier in Frankreich erbeutete Geschütze für den Varziner Park übereignete, ging ins Exil.

1939 taufte man in Hamburg das bis dahin größte Schlachtschiff der deutschen Kriegsmarine auf den Namen »Bismarck«. Hitler hielt die Festansprache. Am 27. Mai 1941 wurde das Schiff in einem Seegefecht schwer beschädigt und versenkt. Der Katastrophe wohnte etwas Symbolisches inne, denn auch Bismarcks Reich ging mit der deutschen Niederlage im Mai 1945 unter.

[3] Karl Strecker, Bismarck der Mensch. In: Tägliche Rundschau, Bismarck-Beilage zum 1. April 1915.

[4] Volker Plagemann, S. 246.

[5] Hans Delbrück, S. 202, 206.

238 »Bismarck's Erwachen«: propagandistische Postkarte in der Zeit des Ersten Weltkrieges

239 Bismarcks 100. Geburtstag am 1. April 1915 stand ganz im Zeichen des eskalierenden Ersten Weltkrieges.

240 Propagandapostkarten mit dem Anfang eines Gedichtes von Karl Rosner, der von 1915–18 Kriegsberichterstatter im Hauptquartier des Kronprinzen Wilhelm war

241 Plakat des Alldeutschen Verbandes

242 Beilage der »Täglichen Rundschau« zum 1. April 1915 mit einem Gedicht von Walter Flex, der zwischen 1910 und 1913 zeitweise auch Hauslehrer bei den Bismarcks in Varzin und Friedrichsruh war, den Erzählzyklus »Zwölf Bismarcks« und die Tragödie »Klaus von Bismarck« (beides 1913) verfaßte

1875 1915

Bismarcks Schwur

Von Walter Flex

Gott hat die Völker der Erde entboten,
Die Lebenden hören's. Es hören's die Toten.
Erzengel Michael lädt zum Gericht,
Weltbrands Glut überflammt sein Gesicht.
Zum Gottesurteil mit lohendem Stahl
Umhegt er als Walstatt Berge und Tal.
Alle Völker der Erde stehen bereit
Zum Kampf um die Krone der Ewigkeit.
Alles tragen sie in die Schranken,
Herzen und Schwerter und Gedanken!
Alle Völker starren in blinkender Wehre.
In der Erde erwachen die schlafenden Heere!
Die Toten, aus Gräbern, hören marschieren,
Die Toten, die Toten mobilisieren — — — —!

Es brandet und braust über Ländern und Meeren
Wie von Wild-Wotans wütigen Heeren.
Ein Grausen und Brausen wühlt mit Macht —
Weiß keiner, woher — in die Gluten der Schlacht.
Über der Söhne und Enkel Todesritt
Brausen die toten Geschwader mit.
Ein Volk steht zu eherner Mauer geschweißt,
In Gewittern umflammt von der Ahnen Geist!

Wer führt unsrer Toten nächtige Heere
Im Sturm über Länder und Herzen und Meere?
Wer reitet vorauf, des Auges Glut
Tiefüberschattet vom dunklen Hut?
Er ist's. Der Eine. Der Völkerschrecken,
Der riesige Rufer im deutschen Wecken,
Der Recke, der Wachsame unter den Toten,
Dem Feuersäulen als Opfer lohten.
Er hielt bei Feuern auf Bergen Wacht,
Nun führt er die Toten in die Schlacht.
Er ist's, der in uralter Eichen Hut
In leisem Schlummer im Sachsenwald ruht,
Der in Hamburg über des Weltmeers Pracht
Grau und steinern hält drohende Wacht.

Er hörte in Jahren und aber Jahren
Die Züge donnernd zum Weltmeer fahren.
Das Lied deutscher Arbeit, das brausend klang,
War des Riesen im Walde Schlummergesang.

Da klirrte das Lied mit einem Mal!
Tausend Wagen frachteten grauen Stahl,
Grauen Stahl und grau-reisige Heere.
Tausend Wagen donnerten klirrend zum Meere . . .

Von dem Kriegslied der feurigen Achsen geweckt
Hat sich der Riese im Walde gereckt,
Und ist unterm Klirren der donnernden Achsen
Mit dem drohenden Haupt in den Himmel gewachsen.
Von seines Schrittes Wucht und Macht
Sind tief in der Erde die Toten erwacht.
Sie horchen und lauschen aus Erde und Gruft:
Der hundertjährige Bismarck ruft!

Der hundertjährige Bismarck wirbt
Ein Heer, an dem der Pöbel verdirbt,
Der Pöbel, der mit unreinen Waffen
Anfiel das Reich, das ein Bismarck geschaffen,
Der den Schild begeifert, den Bismarck geschmiedet,
Mit dem drei Kaiser die Welt befriedet!

Nun reitet der Riese. Ihm nach seine Toten,
Des heiligen deutschen Geistes Boten.
Durch Feuerwolken und Nacht dahin
Sieht man den Hundertjährigen ziehn.

An der Spree vor grausteinernem Kaiserschloß
Hemmt er zum ersten den mächtigen Troß.
An des Kaisers Türe zum Kaisersegen
Treibt's ihn die heilige Hand zu legen.
Im Kreis stehn die Toten wie zum Gericht,
Und der hundertjährige Bismarck spricht:

„Gott weiß: ich habe in alten Tagen
Dir, Kaiser, ehrlichen Groll getragen.
Du weißt, wie Tote grollen,
Und wie am heißen Wollen
Des Lebenden der Groll der Toten zehrt
Wie Rost am Schwert . . .
Heut, Kaiser, ist's dein Geist,
Der feuerrein von tausend Schwertern gleißt.
Heut, Kaiser, jätete dein heil'ges Wort
Den Bruderzwist aus deutschen Herzen fort.
Dein Wort griff tief,
Tief in die Erde, wo ich grollend schlief.
Mein Enkel reitet, Herr, in deinem Heer,
Doch geb' ich mehr!
Hörst du die Hand, die dir am Tore dröhnt?
Kaiser! Der Schatten Bismarcks ist versöhnt!"

Schwer dröhnt das Wort.
Durch Saal und Hallen schwillt es wachsend fort.
Ein Singen läuft durch den grauen Stein . . .
Hochragend steht Bismarck im Sternenschein.
Grausteinern er selbst, doch von Licht durchglüht,
Das wie Morgenrot aus dem Innern ihm blüht:
Als heiliger Gral durch den Panzer von Stein
Strahlt das deutsche Herz mit rosigem Schein . . .
— — — — — — — — — — — — — — — —

Der Morgen schwang die Fackel übers Land.
In Sonnennebeln schwand
Der Toten Chor.

Doch in des Kaiserschlosses eh'rnem Tor
Im Licht des Tags als Schicksalsrune stand
Tiefeingebrannt
Des Toten Schwurhand, die darauf gelegen
Zum Kaisersegen.

Nachschwört ein Volk vor Kaiser Wilhelms Toren
Den Schwur, den Bismarcks Schwurhand vorgeschworen.

243 In der »großen Zeit« des Weltkrieges sollte ein »auferstandener« Bismarck das deutsche Volk zum Sieg führen. Die Verse des Gedichts »In großer Zeit« unter dem Bild dieser Postkarte (Ausschnitt) lauten:

»Die Halberstädter Kürassiere reiten ...
Wie unter ihrem Huf die Erde bebt!
Und sinnend sprach ein Recke zu dem zweiten:
›Die Zeit! Hätt' Otto Bismarck die erlebt –
Der wär' dabei!‹

Tief unten regt sich's in dem schweren Sarge.
Und eine trostreich starke Stimme schallt:
›Wenn euch der listige Vetter kränkt, der arge.
Trefft ihr den Franzmann im Vogesenwald –
Ich bin dabei!

Ich bin dabei, macht ihr in harten Tagen
Im Feindesland die blutige Rechnung glatt!
Und habt ihr sie aufs freche Haupt geschlagen
Und kehrt als Sieger heim nach Halberstadt –
Ich bin dabei!‹«

244 Luther und Bismarck auf einer Feldpostkarte

245 Propagandapostkarte: Der hundertjährige Bismarck soll als Soldat des Weltkrieges den Verteidigungswillen »der Feldgrauen« stärken. Es ist einer von ihnen.

246 *Bismarckporträt als kriegsstimulierendes Motiv auf einer Feldpostkarte*

247 *Bismarcks Ausspruch »Wir Deutsche fürchten Gott, aber sonst nichts auf der Welt« (6. Februar 1888) wurde als zugkräftige Kriegsparole benutzt.*

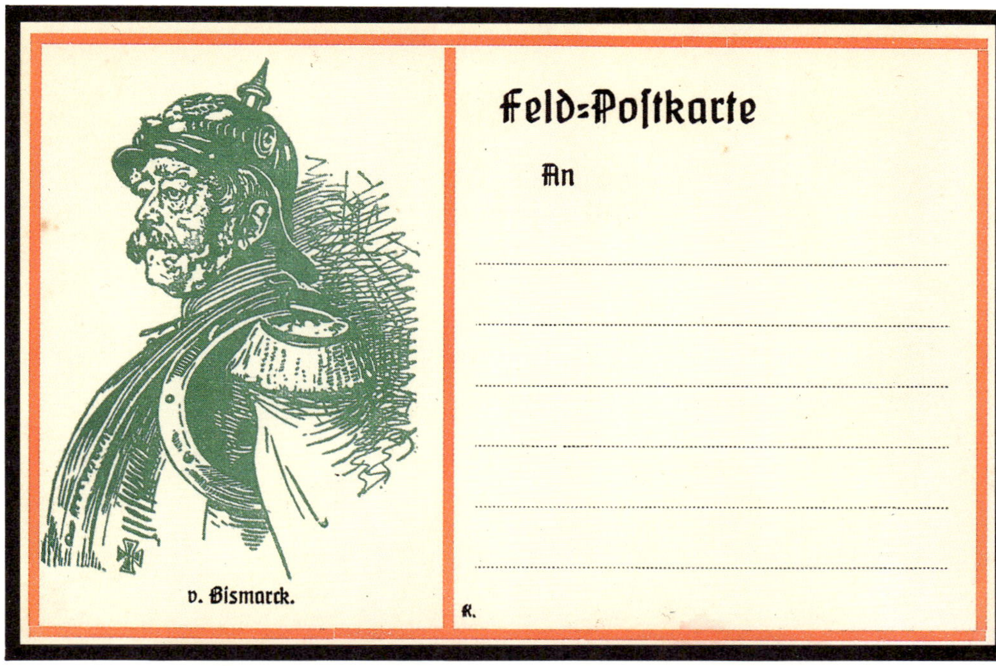

248 *»Kriegs-Erinnerungs-Karte« mit Bismarcks Worten vom »furor teutonicus« (= deutsches Ungestüm) als chauvinistische Losung. Der Kanzler hatte am 6. Februar 1888 im Reichstag aber über die militärische Verteidigung gesprochen: »Dann wird das ganze Deutschland von der Memel bis zum Bodensee wie eine Pulvermine aufbrennen und von Gewehren starren, und es wird kein Feind wagen, mit diesem furor teutonicus, der sich bei dem Angriff entwickelt, es aufzunehmen.«*

249 Wandteller aus der Porzellanmanufaktur Crefeld (Durchmesser 57 cm), dargestellt sind Bismarck (oben), die Monarchen des »Dreikaiserjahres« von 1888 Wilhelm II., Wilhelm I. und Friedrich III. (von links nach rechts in der Mitte) sowie Feldmarschall Graf Moltke mit eigenhändigen Namenszügen und besonders bekannten Aussprüchen.

Zeittafel zur Biografie Bismarcks – eine Auswahl

1815 (1.4.) geboren in Schönhausen (Elbe)

1827–1832 Schulbesuch in Berlin, Abitur im Gymnasium zum Grauen Kloster

1832 (10.5.) Immatrikulation als Student der Rechte und der Staatswissenschaften an der Universität Göttingen

1834/35 Studium in Berlin

1835 (5.6.) als Auskultator und Protokollant beim Berliner Stadtgericht Eintritt in den preußischen Staatsdienst

1838 Einjährig-Freiwilliger bei den Garde-Jägern in Potsdam und beim Pommerschen 2. Jäger-Bataillon in Greifswald

1839–1844 Bewirtschaftung der väterlichen Güter Kniephof, Külz und Jarchelin

1842 (24.6.) Auszeichnung mit der Rettungsmedaille

1845 (ab Nov.) Bewirtschaftung von Schönhausen nach dem Tode des Vaters

1846 (14.12.) Verlobung mit Johanna von Puttkamer

1847 (28.7.) Hochzeit mit Johanna von Puttkamer

1848 (21.8.) Geburt der Tochter Marie (die spätere Gräfin Rantzau)

1849 Konservativer Abgeordneter in der Zweiten Kammer des preußischen Landtags

1849 (28.12.) Geburt des Sohnes Herbert

1850 (8.5.) Ernennung zum Geheimen Legationsrat beim Bundestag in Frankfurt (Main)

1851–1859 Preußischer Gesandter beim Bundestag

1852 (1.8.) Geburt des Sohnes Wilhelm

1859–1862 Außerordentlicher Gesandter und bevollmächtigter Minister Preußens in Petersburg

1862 (22.5.) Beförderung zum Major, Ernennung zum preußischen Gesandten in Paris

1862 (23.9.) Ernennung zum Staatsminister und interimistischen Vorsitzenden des preußischen Staatsministeriums

1864 (Februar–August) Krieg Preußens und Österreichs gegen Dänemark

1865 (16.9.) Erhebung Bismarcks in den Grafenstand

1866 (Juni–Juli) Deutscher Krieg

1866 (3.7.) Schlacht bei Königgrätz, Beförderung vom Major zum Generalmajor

1867 (April) Kauf des Gutes Varzin

1867 (14.6.) Bismarck wird Kanzler des Norddeutschen Bundes

1867 (29.12.) als erste Stadt verleiht Barby Bismarck das Ehrenbürgerrecht

1870 (19.7.) Kriegserklärung Frankreichs an den Norddeutschen Bund

1870 (16.8., 1.9.) Reiterschlacht bei Mars-la-Tour, Schlacht um Sedan

1870 (2.9.) Begegnung Bismarcks mit Napoleon III.

1870 (24.12.) Verleihung des Eisernen Kreuzes I. Klasse

1871 (18.1.) Proklamation des Deutschen Reichs in Versailles, Bismarck wird Reichskanzler, Ernennung zum Generalleutnant

1871 (16.3.) Erhebung in den erblichen Fürstenstand

1871 (10.5.) Abschluß des Friedens mit Frankreich in Frankfurt (Main)

1871 (24.6.) Kaiser Wilhelm I. überweist Bismarck den Besitz Friedrichsruh als eine Dotation zum Eigentum
1873 (1.9.) Enthüllung der Berliner Siegessäule
1874 (13.7.) Attentat Kullmanns auf Bismarck in Bad Kissingen
1876 (22.3.) Ernennung zum General der Kavallerie
1877 (29.4.) Erstes Bismarck-Denkmal in Bad Kissingen
1877 (25.7.) Admiral von Stosch tauft eine Korvette auf den Namen »Bismarck«
1878–1890 Sozialistengesetz
1883 (16.6.) Dr. Schweninger wird Bismarcks Leibarzt
1883 (24.12.) Der Kaiser schenkt Bismarck eine bronzene Nachbildung des Niederwald-Denkmals
1884 (1.9.) Verleihung des Ordens Pour le mérite mit Eichenlaub
1885 (1.4.) Feier des 70. Geburtstages; Wilhelm I. schenkt Bismarck das Bild über die Kaiserproklamation von Anton von Werner
1890 (20.3.) Entlassung
1890 (29.11.) Ein Personendampfer der HAPAG wird auf den Namen »Fürst Bismarck« getauft
1891 (29.9.) Eröffnung des »Bismarck-Museums« in Schönhausen
1894 (26.1.) Bismarck wird zum Chef des Kürassierregiments Seydlitz ernannt
1894 (27.11.) Tod der Ehefrau Johanna
1895 (14.3.) Die Berliner Stadtverordnetenversammlung lehnt den Antrag des Magistrats, eine gemeinsame Glückwunschadresse an Bismarck anläßlich seines 80. Geburtstages zu richten, ab. Bismarck war seit 1871 Ehrenbürger Berlins.
1895 (23.3.) Der Deutsche Reichstag lehnt mit 163 gegen 146 Stimmen eine offizielle Beglückwünschung Bismarcks zum 80. Geburtstag ab.
1895 (1.4.) Bismarcks 80. Geburtstag wird als nationaler Feiertag begangen, Verleihung von rund 400 Ehrenbürgerschaften
1896 (23.5.) Enthüllung des Bismarck-Denkmals bei der Rudelsburg
1897 (25.9.) Ein Panzerkreuzer wird auf den Namen »Fürst Bismarck« getauft
1898 (30.7.) Tod infolge eingetretener Lungenlähmung
1899 (16.3.) Grablegung Bismarcks und seiner Frau Johanna in Friedrichsruh

Bildnachweis

Altmärkisches Museum Stendal: 2–4, 7–12, 15–19, 24, 26–29, 31, 33–34, 38, 42–44, 53 bis 55, 65, 67, 72, 74–79, 81–83, 86, 87 (z. T.), 90–91, 93–98, 101–103, 123, 135, 137, 143, 147–149, 153, 156, 160–162, 164–166, 176, 179, 186–187, 190–191, 193–195, 197–199, 201–207, 209 bis 217, 219–220, 222–233, 235–248 sowie alle auf der Innenseite des Schutzumschlages wiedergegebenen Postkarten;
Archiv Konrad Breitenborn, Wernigerode: 155, 167, 196;
Feudalmuseum Wernigerode: Frontispiz, 5–6, 20, 22, 25, 30, 32, 37, 39, 46–47, 49–52, 56 bis 57, 61, 64, 66, 68–69, 73, 84, 87 (z. T.), 89, 92, 111, 113–114, 116–119, 121–122, 125, 128–133, 136, 138–142, 144–146, 150–151, 157–158, 168–172, 180–185, 188–189, 208, 218, 221, 234, 249, Vorderseite des Schutzumschlages;
Fürstlich von Bismarck'sches Archiv Friedrichsruh: 23, 40, 48;
Harzbücherei Wernigerode: 13;
Museum für Völkerkunde Leipzig: 104–110;
Staatliche Landesbildstelle Hamburg: 200;
Staatsarchiv Greifswald: 58 (Rep. 38 d Bismarck-Bohlen, Nr. 614, Bl. 12 f.);
Staatsarchiv Magdeburg: 177, 192 (Rep. C 92, Nr. 613, Bl. 37 und 54/2).

Als Vorlagen für die Reproduktion dienten weiterhin folgende Bücher bzw. Zeitungen aus dem Bestand des Feudalmuseums Wernigerode: Bismarck-Denkmal für das Deutsche Volk. Begonnen von Arthur Mennel. Fortgeführt bis Schluß von Bruno Garlepp, Berlin (1914): 1 (S. 224), 85 (S. 41), 126 (S. 111);
Das Bismarck-Museum in Bild und Wort. Ein Denkmal deutscher Dankbarkeit. Herausgegeben mit Genehmigung des Fürsten Otto von Bismarck unter Mitwirkung von W. L. Schreiber und A. de Grousilliers, Berlin 1899: 14, 35–36, 41, 45, 62–63, 70–71, 88, 100, 112, 115, 120, 124, 127, 134, 154, 159, 173–175, 178;
Illustrirte Zeitung, Nr. 2385 vom 16. März 1889: 99; Nr. 2700 vom 30. März 1895: 21, 80, 152, 163;
Ueber Land und Meer. Allgemeine Illustrirte Zeitung, 53. Bd., 27. Jg., Oktober 1884 bis 85, S. 576: 59, 60.

Joachim Rosse, Leipzig, fotografierte für die folgenden Abbildungen: Frontispiz, 5–8, 11, 20, 25, 37–39, 46–47, 49–52, 55, 57, 61, 64, 66, 68–69, 72–73, 84, 87, 89, 92, 104–111, 113 bis 114, 116, 118, 121–123, 125, 128–132, 138, 140, 142, 144–146, 148, 157–158, 168–172, 176, 180–182, 188, 208, 218–219, 221, 234, 249, Schutzumschlag.

Hermann D. Oemler, Wernigerode, fertigte die Aufnahmen für die nachstehenden Abbildungen: 1, 13, 58, 85, 126, 133, 137, 139, 141, 151, 177, 184, 189, 193, 239, 241.